Manuela Oehninger Suter

Low-Carb kalte Küche

40 kohlenhydratarme Rezepte ohne zu kochen

Inhalt

Ade, Wurstbrot mit Gürkchen!	4
Zu viele Kohlenhydrate machen dick und krank	5
Low-Carb ➞ LOGI	6
Die Vorteile von Low-Carb/LOGI auf einen Blick	7
Die LOGI-Pyramide	8
Low-Carb/LOGI in der kalten Küche	10
Guter Vorrat – schnelles, gutes Essen	13
Praktische Küchenhelfer	15

Rezepte

Shakes & Smoothies
- Grüner Powersmoothie* · · · · · · · · · · · · · · · 16
- Erdbeerkokosmilch* · · · · · · · · · · · · · · · · · · · 18
- Rote-Bete-Shake* · 18
- Gurken-Zitronenmelisse-Shake* · · · · · · · · 19
- Heidelbeershake* · 20
- Sonniger Papayashake* · · · · · · · · · · · · · · · 21

Dips
- Gorgonzoladip · 22
- Zaziki · 24
- Humus · 25
- Artischockenpesto* · · · · · · · · · · · · · · · · · · · 26
- Ananas-Curry-Dip · 26

Vegetarisches
- Gemüsespieß mit Mangodressing · · · · · · 28
- Birchermüesli · 29
- Guacamole im Tomatenkörbchen* · · · · · 30
- Tomaten-Ananas-Gazpacho* · · · · · · · · · · · 32
- Orientalisches Currysauerkraut · · · · · · · · 33
- Wassermelonensalat* · · · · · · · · · · · · · · · · · 33
- Quinoatabulé · 34
- Mediterraner Käseigel · · · · · · · · · · · · · · · · · 35
- Gefüllte Champignons mit Ziegenfrischkäse* · 36
- Käsetruffes im Salatbeet · · · · · · · · · · · · · · · 38
- Pfirsichmousse auf Pak-Choi-Salat · · · · · 40
- Scharfer Birnen-Spargel-Salat mit Walnüssen · 41

Fleisch
- Low-Carb-Cannelloni · · · · · · · · · · · · · · · · · · 42
- Salsa verde auf kaltem Putenbraten · · · · 44
- Bunter Wurst-Käse-Salat · · · · · · · · · · · · · · · 45
- Exotischer Papayasalat · · · · · · · · · · · · · · · · 46
- Pikanter Gemüsesalat auf Putenbrust · · 48
- Gefüllte Rohschinkenröllchen · · · · · · · · · 49

Fisch
- Garnelen in Avocadovinaigrette · · · · · · · 50
- Low-Carb-Sushi · 52
- Heringssalat · 54
- Rote-Bete-Nest mit Räucherforelle · · · · · 55
- Thunfischsalat auf Mango-Avocado-Creme · 56

Desserts
- Erdbeertiramisu · 58
- Fruchtspießchen mit Schoko-Erdnuss-Creme · 60
- Beereneis* · 62
- Geraffelter Apfel auf Vanillejoghurt* · 64
- Cashew-Zimt-Sorbet auf marinierten Apfelspalten* · · · · · · · · · · · · 65
- Schoko-Mandel-Birnen-Eis · · · · · · · · · · · · · 66

Mit Sternchen markierte Rezepte sind Blitzrezepte, für die Sie weniger als 10 Minuten brauchen.

Ade, Wurstbrot mit Gürkchen!

Vom traditionellen kohlenhydratreichen Abendbrot zur stoffwechselfreundlichen, kalten Low-Carb-Küche

Im deutschsprachigen Raum haben Abendbrot oder Brotzeit eine lange Tradition – zumeist in der bekannt klassischen Variante mit Brot, Wurst und Käse, vielleicht noch ein paar eingelegten Gürkchen, Tee oder kalten Getränken. In der Schweiz ist die kalte Abendmahlzeit als »Café complet« bekannt – Brot mit Butter und Konfitüre, Käse oder Wurst und dazu einen Milchkaffee.

Während das warme Mittagessen früher meist die gemeinsame Hauptmahlzeit des Tages war und es abends eher nur noch die eben beschriebenen kalten »Kleinigkeiten« gab, haben veränderte Lebensbedingungen mit langen Arbeitswegen und kurzen Mittagspausen dazu geführt, dass die herkömmliche Mittagsmahlzeit vielfach in die Abendstunden verlegt wird – dann, wenn die Familienmitglieder zu Hause eintrudeln und/oder das Tagespensum aus Arbeit und Freizeitaktivitäten absolviert ist.

Doch was, wenn Sie nach Feierabend keine Lust haben, sich an den Herd zu stellen, um eine warme Mahlzeit zuzubereiten? Bleibt dann doch wieder nur der schnelle Griff zu Wurst- oder Käsestullen, die unseren Körper mit Kohlenhydraten überfluten und bekanntermaßen kontraproduktiv für Gewicht und Stoffwechsel sind?

Keineswegs! Die Low-Carb-Rezepte für die kalte Küche aus diesem Ratgeber zeigen, wie Sie auf Basis frischer Zutaten in Windeseile schmackhafte und zugleich kohlenhydratbewusste Mahlzeiten auf den Tisch zaubern können, die sich noch dazu vielfältig variieren lassen. Das schmeckt und freut den Stoffwechsel.

Der »kalte« Low-Carb-Genuss beschränkt sich natürlich nicht nur auf die Abendstunden. Die meisten Gerichte lassen sich gut vorbereiten und eignen sich daher auch bestens, um sie – entsprechend verpackt – an den Arbeitsplatz oder zur Schule mitzunehmen. Das verhindert den Gang zum Bäcker oder zur Imbissbude, wo die meisten Snacks oder Gerichte geradewegs in die Kohlenhydratfalle führen.

Zu viele Kohlenhydrate machen dick und krank

Bei einer durchschnittlichen Ernährung (auf Basis leider immer noch gültiger Ernährungsempfehlungen, 50 Prozent der Tageskalorien oder mehr in Form von Kohlenhydraten zu essen) nehmen wir täglich gut und gerne 250 Gramm Kohlenhydrate oder mehr zu uns. Und das, obwohl unser Stoffwechsel dieser Kohlenhydratflut nachweislich nicht gewachsen ist und mit Störungen und Entgleisungen reagiert, insbesondere dann, wenn obendrein die Bewegung zu kurz kommt.

Kein Wunder also, dass wir über die Jahre immer dicker werden und vermehrt damit verbundene gesundheitliche Folgen zu spüren bekommen.

Was wir brauchen, ist eine stoffwechselfreundliche und zugleich schmackhafte und leicht umsetzbare Ernährung, die unseren heutigen Lebensbedingungen entspricht. Sie sollte unseren Bedarf an allen lebensnotwendigen Nähr- und Vitalstoffen decken und die tägliche Kalorienportion dank guter Sättigung und niedriger Energiedichte nicht aus dem Ruder laufen lassen. Das spricht doch alles für Low-Carb!

Low-Carb → LOGI

Low-Carb (aus dem Englischen von low = niedrig und carb als Abkürzung für carbohydrates = Kohlenhydrate) steht für eine bewusste Einschränkung der Kohlenhydrate, insbesondere zucker- und stärkehaltiger Lebensmittel – mit positiven Effekten auf den Stoffwechsel. Je nach Ansatz kann die Reduzierung bis auf eine tägliche Kohlenhydratmenge von 20 Gramm gehen.

LOGI ist eine moderate Variante der Low-Carb-Ernährung. Die Abkürzung LOGI, »Low Glycemic and Insulinemic Diet«, bedeutet übersetzt die Förderung niedriger Blutzucker- und Insulinspiegel.

Die wissenschaftlich fundierte LOGI-Methode empfiehlt einen Verzehr von 80 bis 130 Gramm Kohlenhydraten pro Tag. Das lässt Raum für Kreativität und Genuss und macht LOGI zu einer flexiblen Ernährungsweise, die in der Regel sehr gut akzeptiert und auch langfristig beibehalten wird.

Warum weniger Kohlenhydrate? Je mehr wir davon essen und je schneller der Blutzuckerspiegel ansteigt, umso mehr Insulin wird benötigt, um wieder normale Blutzuckerwerte zu erreichen. Fällt der Blutzucker aufgrund hoher Insulinmengen besonders rasch ab, löst dies Heißhungerattacken aus, gegen die mit weiteren Kohlenhydraten angegessen wird. Und schon sind Sie – mit reichlich überflüssigen Kalorien bepackt – in die Kohlenhydratfalle getappt. Das lässt die Fettdepots wachsen, und da hohe Insulinspiegel nicht nur die Fettspeicherung fördern, sondern auch die Fettverbrennung hemmen, bleiben die Rettungsringe bei einer kohlenhydratreichen Ernährung auch hartnäckig wo sie sind.

Umgekehrt wird die Fettverbrennung bei niedrigen Insulinspiegeln angekurbelt und es wird weniger Fett eingelagert. Niedrige Blutzucker- und Insulinspiegel bieten also ideale Voraussetzungen für eine Gewichtsreduktion. Und das ganz ohne lästige »Nebenwirkungen« wie Hungergefühl oder Verzicht.

Ganz unabhängig von einer Gewichtsabnahme verbessern sich mit einer Ernährung nach der LOGI-Methode u. a. Blutzuckerwerte, Blutfette, Leberwerte, Blutdruck, Harnsäure und Entzündungsparameter spürbar.

Beste Voraussetzungen, um Krankheiten wie Typ-2-Diabetes, Herz-Kreislauf-Erkrankungen, Fettleber und Gicht zu verhindern oder deren Verlauf durch eine Optimierung des Stoffwechsels zu mildern.

Die Vorteile von Low-Carb/LOGI auf einen Blick

Mit Low-Carb/LOGI decken Sie Ihren Bedarf an allen lebensnotwendigen Nähr- und Vitalstoffen. Sie werden schnell merken, dass Sie sich vitaler, fitter und zufriedener fühlen.

Die äußerst flexible Ernährungsweise lässt sich gut und dauerhaft in den Alltag integrieren. Die Umsetzung ist denkbar einfach. Sie können sofort damit beginnen und Ihrem Körper und Ihrer Gesundheit Gutes tun.

Low-Carb/LOGI setzt bei der Auswahl der Lebensmittel und der Zusammenstellung der Mahlzeiten andere Schwerpunkte als dies bei herkömmlichen Ernährungsempfehlungen der Fall ist. Ein Teil der Kohlenhydrate wird durch Eiweiß und gesunde Fette ersetzt. Dennoch müssen Sie nicht ganz auf Kohlenhydrate verzichten. So haben kleinere Mengen Vollkornprodukte oder ab und an mal eine Kartoffel durchaus ihren Platz, ebenso wie auch eine kleine Näscherei zu besonderen Gelegenheiten. Das erhöht die Akzeptanz und lässt Sie am Ball bleiben.

Blutzucker- und Insulinspiegel bleiben aufgrund der reduzierten Kohlenhydratmenge stabil. Das verhindert Heißhungerattacken, die üblicherweise mit überflüssigen Kohlenhydraten und Kalorien bekämpft werden und die Fettpolster wachsen lassen.

Umständliche Berechnungen von Kalorien oder Fettaugen sind nicht erforderlich. Die bewusste Zusammenstellung der Mahlzeiten garantiert eine gute und lang anhaltende Sättigung und sorgt ganz automatisch dafür, dass nicht zu viele Kalorien gegessen werden.

Low-Carb/LOGI ist eine ideale, gesundheitsfördernde und gleichzeitig genussvolle Ernährung für den Rest Ihres Lebens. Mit der LOGI-Pyramide haben Sie einen einfachen, aber sehr wirkungsvollen Wegweiser zur Zusammenstellung Ihrer Mahlzeiten an der Hand.

Die LOGI-Pyramide

Die erste Stufe der Pyramide ist die Basis der LOGI-Ernährung. Dort sind stärkearmes Gemüse, Salate, Pilze und zuckerarme Früchte zu finden. Deren hoher Wasser- und Ballaststoffgehalt sind das ideale Fundament für eine gute und lang anhaltende Sättigung und eine niedrige Energiedichte der Mahlzeiten. Essen Sie so viel Gemüse, wie Sie möchten und vertragen. Im Rahmen von »5-am-Tag« sollten mindestens drei der fünf empfohlenen Portionen auf Gemüse entfallen und maximal zwei auf Obst, hier bevorzugt auf zuckerarme Arten wie Beeren, Grapefruit und Papaya. An der Basis ist zudem Platz für hochwertige Fette wie Oliven-, Lein- oder Rapsöl und Butter oder fettreiche Avocados. Sie liefern wichtige Fettsäuren und fettlösliche Vitamine und sorgen dafür, dass das Essen richtig gut schmeckt.

Auf Stufe 2 befinden sich wichtige Eiweißlieferanten wie Fleisch, Fisch, Eier, Milchprodukte, Nüsse und Hülsenfrüchte. Diese Lebensmittel versorgen den Organismus mit lebenswichtigen Aminosäuren, die er selbst nicht herstellen kann. Sie sind darüber hinaus für eine gute und lang anhaltende Sättigung unverzichtbar.

Ab Stufe 3 kommen die Lebensmittel ins Spiel, die den Blutzucker aufgrund ihres Kohlenhydratgehalts mehr oder weniger stark ansteigen lassen und eine entsprechende Insulinreaktion des Körpers auslösen. Hier ist ein maßvoller Verzehr angezeigt. Von den Lebensmitteln auf Stufe 3 sollten Sie, auch wenn der Blutzucker nicht so in die Höhe schnellt wie bei Lebensmitteln von Stufe 4, kleinere Portionen essen und das auch nicht zu jeder Mahlzeit.

Auch die Lebensmittel von Stufe 4 (z.B. Weißbrot, Kuchen und Gebäck, Süßigkeiten), die den Blutzucker massiv beeinflussen, sind nicht grundsätzlich verboten. Hier sollten Sie jedoch sehr sparsam sein.

Ein komplettes Ausblenden dieser beiden Stufen könnte die Ernährungsumstellung und eine dauerhafte Umsetzung durchaus erschweren. Denn wie wir alle wissen: Verbotenes hat einen ganz besonderen Reiz! Wenn Sie bei Stufe 3 und gelegentlich auch bei Stufe 4 zulangen, halten Sie die Portionen jedoch bewusst klein, um keine Heißhungerspirale in Gang zu setzen. Quälen Sie sich aber auch nicht mit einem schlechten Gewissen, wenn Sie mal ein kleines Stückchen Kuchen oder etwas Schokolade genascht haben. Wenn Sie abnehmen möchten, sollten Sie sich beim Verzehr von Kohlenhydraten insgesamt eher im unteren Bereich der empfohlenen Menge von 80 bis 130 Gramm bewegen und wasser-, ballaststoff- und eiweißreiche Sattmacher bevorzugen. Auch bei den Rezepten in diesem Ratgeber werden hauptsächlich Lebensmittel von Stufe 1 und 2 der LOGI-Pyramide verwendet.

Low-Carb/LOGI in der kalten Küche

Low-Carb und LOGI stehen für frische unverarbeitete Produkte. Aber nicht immer lässt es der persönliche Zeitrahmen zu, dass alles frisch eingekauft und zubereitet wird. Das gilt insbesondere dann, wenn – wie es bei den Rezepten in diesem Ratgeber der Fall ist – vollständig darauf verzichtet wird, den Herd anzuwerfen. Da können fertige Produkte, z. B. eingelegte Kichererbsen oder Spargel aus der Dose oder aus dem Glas, durchaus hilfreich sein, um eine schnelle und schmackhafte Mahlzeit zuzubereiten (Tipps für Ihren Vorrat finden Sie ab Seite 13). Auf jeden Fall sollten Sie beim Kauf solcher Lebensmittel auf die Qualität achten.

Billige Öle, Konservierungs- oder sonstige Zusatzstoffe, Variationen von Zuckerzusätzen (Achtung bei allem, was auf »-ose« endet!) und dergleichen mehr haben in hochwertigen Produkten aus Dose oder Glas nichts zu suchen. Mit einem Blick auf die Zutatenliste kommen Sie unerwünschten Beigaben leicht auf die Spur. Vereinfacht ausgedrückt gilt: Je länger die Liste ist, desto eher sollten Sie die Finger von dem Produkt lassen.

Hier ein Beispiel, wie unterschiedlich die Zutatenliste bei einem vergleichbaren Produkt aussehen kann:

Eingelegte Artischocken
- 90 % Artischocken
- 8 % Olivenöl
- Weißweinessig
- 0,9 % Kochsalz

Eingelegte gegrillte Artischocken
- 65 % gegrillte Artischocken
- 34 % Sonnenblumenöl
- Weißweinessig, Salz, Petersilie, Basilikum, Oregano
- Säuerungsmittel: Zitronensäure
- Antioxidationsmittel: L-Ascorbinsäure

INFO: Eingelegtes, getrocknetes und gefrorenes Obst oder Gemüse ist meist auch in Bio-Qualität erhältlich.

Frische hat auch in der kalten Low-Carb-Küche Vorfahrt!

Auch wenn ein paar konservierte Produkte durchaus sinnvoll sind, um blitzschnell und ganz ohne Kochen eine leckere und gesunde Mahlzeit auf den Tisch zu bringen, machen diese Zutaten nur einen vergleichsweise kleinen Teil der Rezeptzutaten aus und sind auf jeden Fall immer mit knackig frischen Lebensmitteln kombiniert.

Dazu gehören neben Gemüse, Salaten und zuckerarmen Obstsorten natürlich auch frische Kräuter. Sie müssen dazu nicht gleich einen ganzen Kräutergarten anlegen. Mit ein paar Kräutertöpfchen auf der Küchenfensterbank haben Sie wenig Arbeit und sind dennoch bestens versorgt. Experimentieren Sie ruhig einmal mit verschiedenen Geschmacksrichtungen und lernen Sie Kräuter kennen, die Ihnen bislang fremd waren. Wussten Sie beispielsweise, dass es über zehn verschiedene Sorten Basilikum gibt: vom Anisbasilikum bis hin zum Zimt- oder Zitronenbasilikum?

Ebenso sollten Sie es mit den frischen Sprossen halten. Versuchen Sie auch hier, Ihr Repertoire zu erweitern. Ob Sie die Sprossen frisch kaufen oder selber ziehen, ist letztendlich eine Zeitfrage.

Manchmal geht »roh« einfach nicht

Einige Lebensmittel wie grüne Bohnen oder alle Arten von Hülsenfrüchten sind gar nicht für den rohen Verzehr geeignet oder – wie im Fall von Fleisch und Eiern – nur sehr bedingt.

Verschiedene Fleischsorten können Sie gegart beim Metzger kaufen, z. B. kalten Schweinebraten, Roastbeef oder Putenbrust. Wenn Sie das eine oder andere Rezept gerne mit einem hart gekochten Ei ergänzen möchten, kochen Sie dann, wenn Sie Zeit haben, gleich mehrere Eier. Sie halten sich im Kühlschrank etwa ein bis zwei Wochen.

Mit Weitblick für ergänzende Zutaten sorgen

In den Rezepten dieses Ratgebers werden ausschließlich Zutaten verwendet, die vorher nicht gegart werden müssen. Frische

Produkte werden mit einigen konservierten ergänzt. Natürlich können Sie bei der Zubereitung einer warmen Mahlzeit gleich etwas größere Portionen herstellen, die Ihnen dann als ergänzende Zutaten für die schnelle, kalte Küche zur Verfügung stehen.

Sie machen frischen Spargel mit Schinken? Wunderbar! Dann kochen Sie doch gleich ein paar Stangen mehr und verwenden Sie diese anstelle von Spargel aus dem Glas für den Spargelsalat auf Seite 41. Am Sonntag gab es Schweinebraten? Die aufgeschnittenen Reste eignen sich bestens für eine Variation der Fleischbeilage beim Salsa verde von Seite 44.

Nüsse und Kerne schmecken geröstet besonders gut. Auch hier haben Sie die Möglichkeit – wenn es zeitlich passt – in einem Schwung gleich eine größere Menge zu rösten. Bei dunkler und trockener Aufbewahrung sind sie mehrere Wochen haltbar.

Resteverwertung

Die kalte Küche ist auch ideal, um Reste zu verwerten. So ergeben z. B. ein kaltes Putenschnitzel vom Vortag und Reste vom Brokkoligemüse zusammen mit Cherrytomaten und Cocktailsauce am nächsten Tag einen wunderbaren Puten-Brokkoli-Salat.

Generell gilt: Kochen Sie bei genügend Zeit vorausplanend mit und sorgen Sie auf diese Weise für einen erweiterten Vorrat an gekochten Lebensmittel für Ihre kalte Küche. Sind Sie in Eile, greifen Sie ruhig verstärkt auf qualitativ hochwertige, konservierte Lebensmittel zurück.

Kalte Küche – auch vegetarisch oder vegan

Für vegetarische Varianten der Low-Carb-Rezepte können Sie die Fleisch- und Fischbeilage durch gekochte Eier oder – wo es passt – durch Käse ersetzen. Einige Gerichte lassen sich auch vegan zubereiten, etwa durch den Einsatz von Sojajoghurt, Mandelmus und Mandel- oder Reismilch anstelle von Milch- und Milchprodukten.

Einfach und ausbaufähig

Die Low-Carb-Rezepte für die kalte Küche sind bewusst einfach und daher besonders für Kücheneinsteiger oder Low-Carb-Neulinge geeignet. Aber auch Profis kommen auf ihre Kosten – mit etwas aufwendigeren Gerichten oder indem sie einfache Speisen mit Erfahrung, Finesse und nach geschmacklichen Vorlieben abwandeln.

Generell sind die Rezepturen als Anregung und nicht als starre Vorgaben zu verstehen. Lassen Sie Ihrer Fantasie freien Lauf, kreieren Sie eigene Variationen dazu. Ersetzen Sie einzelne Zutaten durch andere und genießen Sie die vielfältigen Möglichkeiten. Sie werden schnell feststellen: »Nicht kochen« kann viel Spaß machen und köstlich schmecken.

Guter Vorrat – schnelles, gutes Essen

Wenn Sie nicht gerne kochen, ist es von großem Vorteil, einige Produkte im Vorratsschrank zu haben, auf die Sie schnell zugreifen können. Nachfolgend finden Sie Zutaten, die sich gut aufbewahren lassen und die – zusammen mit frischen Zutaten – in den Rezepten dieses Ratgebers verwendet werden.

Dosen oder Gläser

- Ananas
- Artischocken
- Birnen
- Erdnussbutter
- getrocknete Tomaten
- Kapern
- Kichererbsen
- Mandelmus
- Pfirsiche
- Sardellen
- Sauerkraut
- saure Gurken
- schwarze und grüne Oliven
- Spargel
- Thunfisch

Milchprodukte

- Buttermilch
- Camembert
- Fetakäse in Salzlake
- Frischkäse
- Joghurt und Quark
- Mozzarellakugeln
- Parmesankäse
- Sahne
- Schafs- und Ziegenkäse in Salzlake

Öle

- natives, kalt gepresstes Olivenöl
- Rapsöl

Tiefkühlware

- Beerenobst

Trockenprodukte

- Ahornsirup
- Cashew-, Wal-, Haselnüsse, Pinienkerne, Pistazien
- feine Vollkornhaferflocken
- Honig oder Agavendicksaft
- Kokosraspel
- Noriblätter
- Quinoa
- Roiboosblätter
- Sesamsamen
- Sonnenblumenkerne
- Steviapulver oder Xylit (Birkenzucker)

Würzmittel/Gewürze

- Currypulver, Paprikapulver, Zimt
- frischer Pfeffer aus der Mühle
- getrocknete Pfefferschoten
- Ingwer
- Knoblauch
- Kreuzkümmel
- Meersalz
- Senf
- Sesampaste (Tahin)
- Sojasauce
- weißer und roter Balsamicoessig
- Weißweinessig

Sonstiges

- Forellenfilets
- Garnelen
- Heringsfilets
- Kokosmilch
- geräucherter Lachs
- Mandelmilch

Praktische Küchenhelfer

Folgende Küchengeräte erleichtern Ihnen das Zubereiten Ihrer kalten Speisen:

Standmixer. Er ist unentbehrlich für sämige Shakes und Smoothies sowie selbst gemachte Nussmilch oder auch Nussmus. Achten Sie hier besonders auf einen starken Motor. Der Mixer sollte nach Möglichkeit einen Glasaufsatz haben, da Plastik schnell die verschiedenen Gerüche annimmt.

Stabmixer. Dieser sollte mit Edelstahlklingen ausgestattet sein.

Handreibe. Es gibt unzählige Arten von Stanzungen. Es lohnt ein paar unterschiedliche feine bzw. grobe Reiben zu Hause zu haben z. B. für Zitronenzesten, Ingwer, Nüsse, Käse, Obst oder Gemüse.

> **INFO:** Die bekannteste Reibe ist sicher die Bircherraffel. Sie wurde in den 20er-Jahren des letzten Jahrhunderts vom Schweizer Arzt Dr. M. Bircher-Benner, dem Erfinder des Birchermüeslis, kreiert. Mit dieser Universalreibe lassen sich Gemüse und Obst, aber auch Nüsse, Käse und Schokolade reiben. Die Original Bircherraffel stumpft auch nach mehreren Jahrzehnten nicht ab.

Gemüsehobel. Dieser kann sowohl handbetrieben als auch in eine Haushaltsmaschine integriert sein. Auch hier sollten Sie ein paar verschiedene Stanzungen zur Auswahl haben.

Kräutermühle. Mit einer Kräutermühle hacken Sie in Windeseile alle Kräuter und Salatblätter. Alternativ können Sie natürlich auch ein scharfes Messer verwenden.

Multizerkleinerer. Mit diesem Universalgerät zerkleinern Sie problemlos Nüsse, Kerne usw. Als Alternative füllen Sie Nüsse – zumindest, wenn sie nur grob gehackt werden sollen – in einen Plastikbeutel, verschließen diesen und rollen mehrfach mit dem Nudelholz darüber oder schlagen ein paar Mal mit einer schweren Pfanne darauf.

Spiralschneider. Er sorgt in Ihrer kalten Küche für eine nette Abwechslung. Mit ihm können Sie aus allerlei Gemüse »Spaghetti« oder »Nudeln« schneiden. Die verschiedenen Spiralschneider reichen vom einfachen Gerät, das einem Bleistiftspitzer in XXL gleicht, bis hin zum stabilen Standgerät mit auswechselbaren Einsätzen.

Sprossenkeimgerät. Wenn Sie Sprossen selber ziehen möchten, können Sie dies einerseits ganz einfach in Einmachgläsern tun, die Sie täglich ausspülen und neu wässern, oder Sie kaufen sich ein Keimgerät. Kresse lässt sich problemlos auf feuchter Watte ziehen.

Grüner Powersmoothie

Für 2 Personen
Zubereitungszeit: 10 Minuten

- 300 g junger Spinat oder Feldsalat
- 100 g Aprikosen (frisch oder alternativ tiefgekühlt)
- ½ Stangensellerie (mit Kraut)
- ½ reife druckweiche Avocado
- ½ Bio-Limette
- ½ Bio-Zitrone
- 1 Zweig Pfefferminze
- 1 TL Roiboosblätter
- einige Eiswürfel
- evtl. etwas Wasser

1 Portion (ca. 350 g): 135 kcal, 5,9 g Eiweiß (18,8 E%), 7,6 g Fett (53,6 E%), 8,6 g Kohlenhydrate (27,6 E%)

01 Den Spinat gut waschen.

02 Die Aprikosen ebenfalls waschen, halbieren und den Kern entfernen.

03 Den Stangensellerie (mit Kraut) putzen und in Ringe schneiden.

04 Die Avocado halbieren. Das Fruchtfleisch der einen Hälfte aus der Schale lösen und in Stücke schneiden. (Die andere Hälfte bis zur weiteren Verwendung mit dem Stein im Fruchtfleisch zugedeckt kühl stellen.)

05 Von den Limetten- und Zitronenhälften jeweils zwei dünne Scheiben abschneiden und beiseitelegen. Anschließend die Limetten- und Zitronenhälften auspressen. Die Pfefferminzblätter vom Stiel befreien.

06 Alle Zutaten inklusive der Roiboosblätter mit einigen Eiswürfeln in den Standmixer geben und diesen ungefähr 1 Minute auf höchster Stufe laufen lassen. Je nach gewünschter Konsistenz Wasser zufügen

07 Den Smoothie in 2 hohe Gläser gießen und mit je einer Zitronen- und Limettenscheibe garnieren.

TIPP: Für die Zubereitung Ihres grünen Smoothie brauchen Sie unbedingt einen Standmixer mit einem starken Motor. Ein Stabmixer ist hierfür leider nicht geeignet.

GRÜNE SMOOTHIES enthalten eine geballte Ladung an Vitaminen, Nährstoffen und Antioxidantien und lassen sich prima vorbereiten.

Weitere Varianten:

- Löwenzahn mit Erdbeere und schwarzer Pfeffer,
- Brunnenkresse mit Wassermelone und Vanille oder
- Feldsalat mit weichen Birnen und Ingwer.

Mixen Sie einfach drauflos, erfinden Sie Ihren eigenen Powersmoothie-Favoriten!

Erdbeerkokosmilch

Für 2 Personen
Zubereitungszeit: 5 Minuten

- 300 g Erdbeeren
- 1 Zweig Zitronenmelisse
- ½ Bio-Zitrone
- 150 ml Kokosmilch

1 Portion (ca. 240 g): 185 kcal, 2,7 g Eiweiß (6 E%), 13,8 g Fett (70 E%), 10,7 g Kohlenhydrate (24 E%)

01 Die Erdbeeren waschen und putzen, anschließend halbieren.

02 Die Zitronenmelisse waschen, die Blättchen vom Stiel zupfen, einige Blättchen für die Dekoration zur Seite legen und den Rest fein hacken.

03 Die Zitronenhälfte auspressen.

04 Alle Zutaten mit der Kokosmilch im Standmixer oder mit dem Stabmixer fein pürieren.

05 In zwei Gläser füllen, mit den restlichen Zitronenmelisseblättchen bestreuen.

TIPP: Verwenden Sie anstelle der Erdbeeren 200 ml frisch gepressten Orangensaft.

Rote-Bete-Shake

Für 2 Personen
Zubereitungszeit: 10 Minuten

- 1 vorgedämpfte Rote Bete (ca. 250 g)
- ½ Lollo rosso
- 1 daumengroßes Stück frischer Ingwer
- 30 g Rettichsprossen
- 150 g gemischte Beeren (tiefgekühlt)
- 200 ml Buttermilch

1 Portion (ca. 390 g): 130 kcal, 8,2 g Eiweiß (26,2 E%), 1,3 g Fett (9,5 E%), 20 g Kohlenhydrate (64,3 E%)

01 Die Rote Bete in kleine Stücke schneiden. Den Lollo rosso waschen und trocken schleudern. Die Blätter in kleine Stücke schneiden. Den Ingwer schälen und auf der feinen Raffel reiben. Die Rettichsprossen kurz kalt abspülen und trocken tupfen.

02 Die Beeren zusammen mit den vorbereiteten Zutaten und wenig Buttermilch in einen Standmixer geben und kurz durchmixen. Danach die restliche Buttermilch dazugießen und den Mixer auf höchster Stufe ungefähr 1 Minute laufen lassen.

03 Den fertigen Shake in 2 hohe Gläser füllen.

Gurken-Zitronenmelisse-Shake

Für 2 Personen
Zubereitungszeit: 5 Minuten

- ½ Freilandgurke
- ½–1 Bio-Limette
- 1 Zweig Zitronenmelisse (ca. 10 Blättchen)
- 180 g griechischer Joghurt (natur)
- 200 ml Milch, 3,5 % Fett
- 2 EL kohlensäurehaltiges Mineralwasser

1 Portion (ca. 310 g): 187 kcal, 6,8 g Eiweiß (15 E%), 12,8 g Fett (62,5 E%), 10,2 g Kohlenhydrate (22,5 E%)

01 Die Gurke schälen, längs halbieren und in kleine Stücke schneiden.

02 Die Limette heiß abwaschen. Die Schale abreiben und die Hälfte davon beiseitestellen. Anschließend die Limette auspressen.

03 Die Zitronenmelisse kurz kalt abbrausen, Blätter abzupfen.

04 Alle Zutaten zusammen in einen Standmixer geben und gut durchmixen. Alternativ lässt sich der Shake auch mit dem Pürierstab zubereiten.

05 In zwei hohe Gläser füllen, mit Limettenschale bestreuen.

TIPP: Als Alternative können Sie anstelle der Limette eine Orange und statt der Zitronenmelisse 2–3 Basilikumblätter verwenden. Aromatisieren Sie den Shake nach Wunsch außerdem mit einer Prise Zimt. Eine weitere Variante wäre die Verwendung einer rosa Grapefruit sowie 3–5 Pfefferminzblättchen.

Heidelbeershake

Für 2 Personen
Zubereitungszeit: 5 Minuten

- 200 g Heidelbeeren
- ½ Vanilleschote
- 2 EL Frischkäse
- 100 g gekörnter Frischkäse
- 100 ml Vollmilch
- ½ TL Honig
- einige Eiswürfel

1 Portion (ca. 220 g): 160 kcal, 9,9 g Eiweiß (26,2 E%), 7 g Fett (41,2 E%), 12,3 g Kohlenhydrate (32,6 E%)

01   Die Heidelbeeren waschen und trocken tupfen.

02   Die Vanilleschote längs aufschneiden und mit dem Messerrücken das Vanillemark auskratzen.

03   Alle Zutaten bis auf die Eiswürfel in einen Standmixer geben und gut durchmixen.

04   Eiswürfel in zwei hohe Gläser geben und den Shake darüber gießen.

TIPP: Dieses Rezept eignet sich für alle Beerensorten. Himbeeren sollten Sie im Vorfeld separat pürieren und durch ein Sieb streichen, da die Kerne bitter schmecken.

FÜR EINE VEGANE VARIANTE ersetzen Sie den Frischkäse durch Mandel- oder Nussmus, den gekörnten Frischkäse durch Sojajoghurt, die Milch durch Soja-, Reis- oder Mandelmilch. Anstelle des Honigs verwenden Sie Agavendicksaft.

Sonniger Papayashake

Für 2 Personen
Zubereitungszeit: 10 Minuten

- 1 Papaya (ca. 300 g)
- 1 Clementine (ca. 120 g)
- 1 Limette
- 1 Scheibe Ananas (ca. 50 g, frisch oder aus der Dose, ungezuckert)
- 2 Chicorée (ca. 200 g)
- 30 g Mungobohnensprossen
- 1 EL Leinöl
- Wasser je nach gewünschter Konsistenz

1 Portion (ca. 380 g): 160 kcal, 3,3 g Eiweiß (9 E%), 5,7 g Fett (34,4 E%), 21 g Kohlenhydrate (56,7 E%)

01   Die Papaya halbieren, die Kerne mit einem Löffel ausschaben, schälen und anschließend in kleine Stücke schneiden.

02   Die Clementine schälen und die Spalten voneinander lösen. Die Limette halbieren, 2 dünne Scheiben abschneiden, den Rest auspressen. Die Ananasscheibe in Stücke schneiden.

03   Den Chicorée küchenfertig vorbereiten und in Streifen schneiden. Die Mungobohnensprossen kalt abspülen.

04   Alle Zutaten inklusive Leinöl in einen Standmixer geben und diesen zuerst auf niedrigster, danach ungefähr 1 Minute auf höchster Stufe laufen lassen. So viel Wasser hinzugeben, bis die gewünschte Konsistenz erreicht ist.

05   Den fertigen Shake in zwei Gläser füllen und mit den Limettenscheiben garnieren.

Gorgonzoladip

Für 2 Personen
Zubereitungszeit: 5 Minuten, plus Zubereitungszeit für die Gemüsesticks

- 100 g Gorgonzola
- 50 g Joghurt (natur, 3,5 % Fett)
- 1 Zweig Zitronenthymian
- ½ TL Honig
- 6 Walnüsse (ca. 25 g)
- 400 g Gemüse (z. B. Karotten, Zucchini, Gurke, Fenchel, Staudensellerie)
- 1 Birne

1 Portion (ca. 390 g): 390 kcal, 18,2 g Eiweiß (18,8 E%), 26,1 g Fett (59,6 E%), 20,9 g Kohlenhydrate (21,6 E%)

01 Den Gorgonzola klein schneiden, mit der Gabel zerdrücken und mit dem Joghurt verrühren.

02 Die Zitronenthymianblättchen vom Zweig ziehen, einige Blättchen als Dekoration zur Seite legen und die übrigen Blättchen zusammen mit dem Honig unter den Dip mischen. Die Walnüsse zerkleinern und ebenfalls unter die Masse ziehen.

03 Das Gemüse küchenfertig vorbereiten und dann in Sticks und mundgerechte Stücke schneiden. Die Birne schälen, halbieren, das Kerngehäuse ausschneiden und die Frucht in Spalten schneiden.

04 Das Gemüse mit den Birnenspalten auf flachen Tellern anrichten. Den Dip in Schälchen füllen, mit den restlichen Zitronenthymianblättchen bestreuen und dazu reichen.

TIPP: Als Variation können Sie anstelle des Gorgonzolas die gleiche Menge an Fetakäse verwenden. Ziehen Sie in diesem Fall eine mediterrane Kräutermischung unter den Dip und lassen die Birne weg.

Zaziki

Für 2 Personen
Zubereitungszeit: 15–20 Minuten

- 150 g Speisequark (20 % Fett i. Tr.)
- 180 g griechischer Joghurt (natur, ungezuckert)
- ½ Freilandgurke
- 2 Essiggurken aus dem Glas
- ½ Bund Dill
- 1–2 Knoblauchzehen
- 1 EL natives Olivenöl
- 1 TL weißer Balsamessig
- frischer Pfeffer aus der Mühle, Meersalz
- 200 g gemischtes Gemüse nach Wahl in Streifen geschnitten (z. B. Paprika, Staudensellerie, Karotten, Kohlrabi, Zucchini)

1 Portion (ca. 400 g): 275 kcal, 14,4 g Eiweiß (21,5 E%), 18,3 g Fett (60,5 E%), 12 g Kohlenhydrate (18 E%)

01 Den Quark mit dem Joghurt vermischen.

02 Die Gurke schälen, längs halbieren und die Kerne mit einem Löffel ausschaben. Anschließend das Gurkenfleisch ebenso wie die Essiggurken in ½ cm große Würfelchen schneiden.

03 Den Dill kurz unter fließendem Wasser abbrausen und trocken tupfen. Mit einem scharfen Messer klein hacken.

04 Die Knoblauchzehen schälen und durch die Knoblauchpresse pressen.

05 Anschließend Gurken, Dill und Knoblauch mit dem Olivenöl und dem Essig in die Quark-Joghurt-Mischung geben.

06 Alles gut durchmischen und mit Pfeffer und Salz abschmecken.

07 Den Zaziki im Kühlschrank ½ Stunde durchziehen lassen.

08 Das Gemüse in dieser Zeit waschen, putzen und in breitere Streifen schneiden.

TIPP: Wenn Sie den Zaziki vorbereiten möchten, verzichten Sie auf den Knoblauch, da das Gericht sonst nach einigen Stunden sehr scharf wird. Geben Sie in diesem Fall den Knoblauch erst kurz vor dem Servieren dazu.

Humus

Für 2 Personen
Zubereitungszeit: 5 Minuten, plus
Zubereitungszeit für die Gemüsesticks

- 140 g gekochte Kichererbsen in Bio-Qualität (Dose, Abtropfgewicht)
- 2 Knoblauchzehen
- ½ Bio-Zitrone
- 20 g Sesampaste (Tahin)
- 1 TL Currypulver
- 1 TL gemahlener Kreuzkümmel
- ½ TL getrocknete Pfefferschote
- Pfeffer
- 1 EL Olivenöl
- 3 EL Kichererbsenwasser
- ½ TL Paprikapulver
- 1 TL Olivenöl
- ½ Bund Koriander (wahlweise glatte Petersilie oder frische Pfefferminze)
- 400 g gemischtes Gemüse (z. B. Gurke, Karotte, Paprikaschote)

1 Portion (ca. 275 g): 265 kcal, 8,9 g Eiweiß (14,1 E%), 14,9 g Fett (53,4 E%), 20,6 g Kohlenhydrate (32,5 E%)

01 Die Kichererbsen abtropfen lassen. Das Einweichwasser extra auffangen. Die Kichererbsen in eine Schüssel geben.

02 Die Knoblauchzehen schälen und anschließend durch die Presse drücken. Zu den Kichererbsen geben.

03 Die Zitronenhälfte auspressen und den Saft über die Kichererbsen gießen.

04 Sesampaste, Currypulver, Kreuzkümmel, getrocknete Pfefferschote, Pfeffer, Olivenöl und Kichererbsenwasser dazugeben.

05 Alle Zutaten gut mit dem Stabmixer durchpürieren.

06 Das Gemüse waschen, putzen und in mundgerechte Stücke schneiden.

07 Zum Anrichten das Paprikapulver mit dem Olivenöl anrühren und kreisförmig über das Humus träufeln. Den Koriander mit einem scharfen Messer in kleine Stücke schneiden und über das Humus streuen.

08 Dazu die Gemüsesticks servieren.

TIPP: Verwenden Sie als Variation anstelle der Sesampaste 1 EL Erdnussbutter. Möchten Sie das Humus gerne ein wenig flüssiger, geben Sie so viel vom Kichererbsenwasser dazu, bis es die von Ihnen gewünschte Konsistenz erreicht.

Artischockenpesto

Für 2 Personen
Zubereitungszeit: 10 Minuten

- 100 g eingelegte Artischockenherzen (Glas oder Dose, Abtropfgewicht)
- 1 Bio-Zitrone
- 1 Knoblauchzehe
- 20 g Pinienkerne
- 20 g geriebener Parmesankäse
- 1 EL italienische Kräuter (frisch oder getrocknet)
- 2–3 EL Olivenöl
- ½ TL Cayennepfeffer
- Salz, Pfeffer

1 Portion (ca. 125 g): 265 kcal, 6,9 g Eiweiß (10,9 E%), 23,3 g Fett (83,4 E%), 3,6 g Kohlenhydrate (5,7 E%)

01 Artischockenherzen gut abtropfen lassen.

02 Die Zitrone heiß abwaschen und gut abtrocknen. Die Schale fein abreiben, anschließend die Zitrone auspressen.

03 Die Knoblauchzehe schälen und die Enden abschneiden.

04 Alle Zutaten zusammen in ein hohes Gefäß geben und mit dem Stabmixer kurz durchmixen. Mit Salz und Pfeffer abschmecken.

TIPP: Dazu passen Gemüse»spaghetti« aus rohen Karotten oder Zucchini.

Ananas-Curry-Dip

Für 2 Personen
Zubereitungszeit: 5 Minuten, plus Zubereitungszeit für die Gemüsesticks

- 150 g Speisequark (20 % Fett i. Tr.)
- 50 g Sauerrahm
- 1 Knoblauchzehe
- ½–1 TL Currypulver
- 1 TL Kokosraspel
- 1 Scheibe Ananas (ca. 50 g aus der Dose, ungezuckert)
- 400 g gemischtes Gemüse (z. B. Zucchini, Karotte, Paprikaschote)

1 Portion (ca. 330 g): 200 kcal, 13 g Eiweiß (25,8 E%), 10,5 g Fett (45,8 E%), 14,4 g Kohlenhydrate (28,4 E%)

01 Den Speisequark mit dem Sauerrahm vermischen.

02 Die Knoblauchzehe schälen, anschließend durch die Presse drücken und unter den Dip rühren. Dann das Currypulver und die Kokosraspel unterziehen.

03 Die Ananasscheibe mit einem scharfen Messer in kleinste Stücke schneiden und zum Dip geben.

04 Das Gemüse waschen, putzen und in mundgerechte Stücke schneiden. Die Gemüsesticks zusammen mit dem Dip servieren.

TIPP: Da frische Ananas Bromelain enthält, ein Enzym, das sich nicht mit Milchprodukten verträgt und diese bitter werden lässt, ist dieses Rezept nur mit Dosenananas möglich.

VEGETARISCHES

Gemüsespieß mit Mangodressing

Für 2 Personen
Zubereitungszeit: 20 Minuten

- ½ Mango
- ½ Limette
- 2 EL Olivenöl
- ½ TL Honig
- 1 Chilischote
- ½ Freilandgurke
- 1 Karotte
- 6 frische kleine Champignons
- 1 Avocado
- 10 Mozzarellakugeln
- Salz, Pfeffer aus der Mühle
- 4 Grillspieße aus Holz

1 Portion (ca. 360 g): 390 kcal, 11,25 g Eiweiß (11,5 E%), 32,2 g Fett (73,1 E%), 15 g Kohlenhydrate (15,4 E%)

01 Die Mango schälen und in kleine Würfel schneiden. Die Limettenhälfte auspressen und den Saft über die Mango gießen. Olivenöl und Honig unterrühren. Die ganze Mischung kurz durchpürieren und mit Salz und Pfeffer abschmecken.

02 Die Ansätze der Chilischote abschneiden und die Schote nach dem Entkernen in dünne Streifen schneiden. Unter die Salatsauce ziehen.

03 Gurke und Karotte schälen. Die Gurke in ca. 2 cm dicke, die Karotte in 0,5 cm dicke Scheiben schneiden. Die Champignons putzen und den Stiel ein wenig kürzen.

04 Die Avocado schälen. Das Fruchtfleisch vorsichtig vom Kern lösen und in teelöffelgroße Stücke schneiden.

05 Die Mozzarellakugeln abtropfen lassen.

06 Das Gemüse abwechselnd mit den Mozzarellakugeln auf die Grillspieße stecken. Auf flachen Tellern anrichten. Die Salatsauce darüber träufeln.

TIPP: Die Spieße lassen sich gut vorbereiten und sind als leichtes Mittagessen fürs Büro oder für ein Picknick ideal. Schneiden Sie jedoch die Avocado unbedingt frisch auf, da sie sich bei längerer Aufbewahrung verfärbt.

Birchermüesli

Für 2 Personen
Zubereitungszeit: 15 Minuten

- 3 EL feine Haferflocken
- ½ TL Zimtpulver
- 1 Bio-Orange
- 250 g cremiger Naturjoghurt (3,5 % Fett)
- 1 Apfel
- 100 g Himbeeren (siehe auch Tipp am Ende des Rezepts)
- 50 ml Schlagsahne
- einige Hasel- oder Walnüsse als Garnitur

1 Portion (ca. 350 g): 290 kcal, 8,3 g Eiweiß (11,9 E%), 16,5 g Fett (52,6 E%), 24,6 g Kohlenhydrate (35,4 E%)

01   Die Haferflocken in eine Schüssel geben und gut mit dem Zimtpulver vermischen.

02   Die Orange heiß abspülen, die Schale ganz fein abreiben und zur Seite stellen. Anschließend die Orange halbieren. Eine Hälfte davon auspressen. Die andere Hälfte für einen anderen Verwendungszweck aufbewahren.

03   Den Saft über die Haferflocken gießen und alles gut vermischen. Einige Minuten durchziehen lassen.

04   In der Zwischenzeit den Joghurt in eine kleine Schüssel geben.

05   Den Apfel waschen, trocken tupfen und mit einer groben Reibe/Bircherraffel raspeln. Geriebenen Apfel und Himbeeren mit dem Joghurt vermischen und anschließend die Haferflocken unterheben. In zwei Schälchen anrichten.

06   Die Sahne steif schlagen, über das angerichtete Birchermüesli geben und mit einigen Hasel- oder Walnüssen garnieren.

TIPP: Geben Sie nach Geschmack und Verfügbarkeit anstelle der Himbeeren andere Früchte dazu, z. B. Erdbeeren, Heidelbeeren oder Melone.

Guacamole im Tomatenkörbchen

Für 2 Personen
Zubereitungszeit: 10 Minuten

- 1 Chilischote
- 2 Frühlingszwiebeln
- ½ Limette
- ½ Zitrone
- 2 reife Avocados
- 100 g gekörnter Frischkäse
- 4 mittelgroße reife Tomaten
- Salz, Pfeffer

1 Portion (ca. 435 g): 350 kcal, 10,7 g Eiweiß (12,5 E%), 27,6 g Fett (71,3 E%), 13,9 g Kohlenhydrate (16,2 E%)

01 Die Chilischote längs halbieren, die Enden wegschneiden. Die Hälften entkernen und anschließend in feine Streifen schneiden. (Vorsicht: Die Chilischoten möglichst nicht mit bloßen Händen anfassen; bei Augenkontakt brennt es sonst höllisch.)

02 Die Frühlingszwiebeln waschen, putzen und in feine Ringe schneiden. Die Limetten- und Zitronenhälften auspressen.

03 Die Avocados halbieren, die Steine entfernen und beiseitelegen. Die Avocadohälften schälen, das Fruchtfleisch in kleine Stücke schneiden und in eine Schüssel geben. Mit einer Gabel das Fruchtfleisch fein zerdrücken.

04 Die Frühlingszwiebeln, Limetten- und Zitronensaft, die Chilischote und den gekörnten Frischkäse unterrühren. Die Masse mit Pfeffer und Salz abschmecken.

05 Die Tomaten waschen, trocken tupfen und das obere Viertel wegschneiden. Die Tomaten aushöhlen. Das Innere der Tomate kann unter die Guacamole gezogen werden.

06 Die Tomatenkörbchen mit der Guacamole füllen.

TIPP: Wenn Sie die Guacamole für den späteren Verzehr vorbereiten möchten, legen Sie die Avocadosteine in die fertige Guacamole. Das verhindert das Braunwerden.

DIE GUACAMOLE eignet sich auch hervorragend als Dip zu Gemüsesticks.

Tomaten-Ananas-Gazpacho

Für 2 Personen
Zubereitungszeit: 10 Minuten

- 4 aromatische Fleischtomaten
- 1 rote Chilischote
- 2 Scheiben Ananas (Dose, ungezuckert, ca. 100 g)
- 1–2 Frühlingszwiebeln
- 1 Bio-Zitrone
- ca. 5 Pfefferminzblätter (plus einige Blättchen zur Garnitur)
- 2 EL Olivenöl
- 1 EL heller Balsamicoessig
- ½ TL Meersalz
- 10 kleine Mozzarellakugeln
- frischer Pfeffer zum individuellen Nachwürzen

1 Portion (ca. 340 g): 270 kcal, 9 g Eiweiß (13,9 E%), 18,5 g Fett (63,5 E%), 14,6 g Kohlenhydrate (22,6 E%)

01 Die Tomaten waschen und trocken tupfen. Den Stielansatz ausschneiden und die Tomaten in kleine Stücke schneiden.

02 Die Chilischote längs halbieren, die Kerne vorsichtig mit einem Messer ausschaben und die Schotenhälften in feine Streifen schneiden.

03 Die Ananasscheiben in kleine Stücke schneiden.

04 Die Frühlingszwiebeln putzen und mitsamt dem grünen Anteil in feine Ringe schneiden.

05 Die Zitrone auspressen.

06 Pfefferminzblätter grob zerzupfen.

07 Die vorbereiteten Zutaten in ein hohes Gefäß geben. Das Olivenöl und den Essig dazugießen, das Ganze salzen. Mit einem Stabmixer kurz durchmixen. Die Konsistenz sollte nicht allzu fein sein. Alternativ geben Sie alle Zutaten in den Standmixer und mixen alles kurz durch.

08 Das Gazpacho in flache Schälchen gießen. Zum Servieren je 5 Mozzarellakugeln daraufsetzen und mit den Pfefferminzblättern garnieren. Auf Wunsch mit frischem Pfeffer bestreuen.

Orientalisches Currysauerkraut

Für 2 Personen
Zubereitungszeit: 15–20 Minuten

- 200 g rohes Sauerkraut
- 100 ml Crème fraîche (30 % Fett)
- 1 EL Currypulver
- ½ Bund Koriander oder glatte Petersilie
- 1 Karotte
- ½ Fenchelknolle
- ½ Freilandgurke
- 30 g Cashewnüsse
- Pfeffer, Salz

1 Portion (ca. 335 g): 290 kcal, 8,4 g Eiweiß (11,8 E%), 21,2 g Fett (67,6 E%), 14,7 g Kohlenhydrate (20,6 E%)

01   Das Sauerkraut in ein großes Sieb geben und abtropfen lassen.

02   In der Zwischenzeit die Crème fraîche mit dem Currypulver und den zuvor gewaschenen und klein gezupften Koriander- oder Petersilienblättchen mischen.

03   Das Gemüse waschen, küchenfertig vorbereiten und in ca. 1 cm große Stücke schneiden.

04   Das abgetropfte Sauerkraut untermischen. Gut mit der Crème fraîche vermengen und alles einige Minuten durchziehen lassen.

05   Zum Servieren einige Cashewnüsse darüberstreuen.

Wassermelonensalat

Für 2 Personen
Zubereitungszeit: 15 Minuten

- 1 Freilandgurke
- ca. 250 g Wassermelone
- 6–8 aromatische Cherrytomaten
- 2 EL natives Olivenöl
- 1–2 EL dunkler Balsamicoessig
- Saft von ½ Zitrone
- 8–10 schwarze Oliven
- 100 g griechischer Schafskäse in Salzlake
- Salz, Pfeffer

1 Portion (ca. 460 g): 350 kcal, 10,5 g Eiweiß (12,5 E%), 24,8 g Fett (65,3 E%), 18,7 g Kohlenhydrate (22,2 E%)

01   Die Gurke grob schälen und der Länge nach halbieren. Mit einem Löffel die Kerne ausschaben. Anschließend die Gurke nochmals der Länge nach halbieren und in ca. ½ cm dicke Stücke schneiden.

02   Die Wassermelone aus der Schale lösen und das Fruchtfleisch in mundgerechte Stücke schneiden.

03   Die Tomaten waschen und trocken tupfen, in ca. ½ cm dicke Scheiben schneiden.

04   Mit Öl, Essig, Zitronensaft sowie Salz und Pfeffer die Salatsauce zubereiten.

05   Alle vorbereiteten Zutaten, die Oliven und das Dressing gut miteinander vermischen. Zum Schluss den griechischen Schafskäse kurz abtropfen lassen und über den Salat krümeln.

VEGETARISCHES

Quinoataboulé

Für 2 Personen
Einweichzeit: ca. 8 Stunden
Zubereitungszeit: 20 Minuten

- 50 g Quinoa
- 50 g frischer, junger Blattspinat
- ½ Salatgurke
- 1 Fleischtomate
- 1 rote Paprikaschote
- 1 Frühlingszwiebel
- 1 Knoblauchzehe
- ½ Bund glatte Petersilie
- 2 Pfefferminzzweige
- 20 g Cashewkerne
- 2 EL natives Olivenöl
- 1 Bio-Zitrone
- ½ TL Cayennepulver
- Meersalz, Pfeffer
- 2 EL Crème fraîche

1 Portion (ca. 350 g): 350 kcal, 8,8 g Eiweiß (10,2 E%), 21,2 g Fett (56 E%), 29,1 g Kohlenhydrate (33,8 E%)

01 Quinoa mindestens 8 Stunden in viel Wasser einweichen. Vor der Zubereitung gut durchspülen und mit einem Küchentuch trocken tupfen.

02 Den Spinat unter fließendem Wasser gut abspülen und trocken tupfen. Mit einem scharfen Messer klein schneiden. Gurke, Tomate und Paprika waschen, putzen und in maximal 1 cm große Würfelchen schneiden. Die Frühlingszwiebel küchenfertig vorbereiten und in feine Ringe schneiden. Den Knoblauch schälen und fein hacken.

03 Die Petersilien- und Minzblättchen klein zerzupfen.

04 Alle vorbereiteten Zutaten zusammen mit den Cashewkernen in einer großen Schüssel vermischen. Dann das Olivenöl unterziehen.

05 Die Zitrone der Länge nach halbieren. Eine Hälfte über dem Taboulé auspressen und anschließend alles gut vermischen. Nach Belieben mit Salz, Pfeffer und Cayennepulver abschmecken.

06 Die andere Zitronenhälfte nochmals halbieren. Das Taboulé mit einem Klecks Crème fraîche und einem Zitronenschnitz anrichten.

INFO: Das Pseudogetreide Quinoa kann – wenn es zuvor lange eingeweicht wurde – auch roh verwendet werden. Es enthält reichlich Eiweiß und bringt Abwechslung in die kalte Küche. Aber Achtung: Es hat einen vergleichsweise hohen Kohlenhydratgehalt! Bei kleinen Mengen (hier 25 g pro Person) und in Kombination mit reichlich Gemüse, Salaten & Co. bleibt die Kohlenhydratdichte (Kohlenhydratmenge pro 100 g) aber dennoch im niedrigen Bereich. Bei diesem Rezept sind es < 10 g KH pro 100 g.

Mediterraner Käseigel

Für 4 Personen als Vorspeise
Zubereitungszeit: 20–30 Minuten

- 1 Honigmelone
- 1 Birne
- 10 schwarze Oliven (entsteint)
- 2 Pfefferkörner
- 12 Cherrytomaten (250 g)
- 4 Minigurken (frisch oder eingelegte aus dem Glas, 200 g)
- 50 g Artischockenherzen (aus dem Glas, Abtropfgewicht)
- 3 getrocknete Tomaten (aus dem Glas)
- 60 g Kräuterfrischkäsewürfelchen
- 40 g Parmesanwürfel
- 12 kleine Mozzarellakugeln
- 50 g Kresse
- ca. 26 kleine Zahnstocher

1 Portion (ca. 290 g): 210 kcal, 11 g Eiweiß (20,7 E%), 11 g Fett (46,9 E%), 17,2 g Kohlenhydrate (32,4 E%)

01 Die Melone der Länge nach halbieren und die Kerne mit einem Löffel ausschaben. Eine Melonenhälfte mit der Schnittfläche auf einen großen flachen Teller legen. Bei der andere Hälfte der Melone das Fruchtfleisch aus der Schale lösen und in mundgerechte Stücke schneiden.

02 Die Birne waschen, den Stiel bis auf 2 mm abschneiden. Das vordere Drittel für das Schnäuzchen des Igels abschneiden. Dieses mit einem halben Zahnstocher am vorderen unteren Viertel der Melone befestigen. Den Rest der Birne ebenfalls in mundgerechte Stücke schneiden.

03 Für die Augen 1 schwarze Olive halbieren und die Hälften mit je einem ¼ Zahnstocher an der Oberseite der Birne befestigen. Jeweils 1 Pfefferkorn in die Öffnung stecken.

04 Die Tomaten und die Gurken kurz abwaschen und trocken tupfen. Die Tomaten halbieren und die Gurken in ca. 5 mm dicke Scheiben schneiden. Die Artischockenherzen abtropfen lassen und ebenso wie die getrockneten, eingelegten Tomaten mit einem Küchenpapier abtupfen und in mundgerechte Stücke schneiden.

05 Alle Zutaten inklusive der Käsewürfelchen auf Zahnstocher stecken. Sie können dies ganz akkurat immer in der gleichen Reihenfolge oder aber ganz nach Lust und Laune tun. Die bespickten Zahnstocher in die Melone stecken, dabei das Schnäuzchen aussparen.

06 Legen Sie um den fertigen Käseigel die gewaschene und getrocknete Kresse aus. Zur Dekoration eignen sich auch essbare Blüten (z. B. Gänseblümchen)

TIPP: So ein Käseigel ist ideal, um kleine Reste zu verwerten. Hier können Sie Ihrer Fantasie so richtig freien Lauf lassen und nach Ihren Vorlieben zusammenstellen: kaltes Fleisch, alle Sorten von Gemüse, die Sie roh essen können, eingelegtes Gemüse wie etwa Essiggurken oder Silberzwiebeln, Käse, Kräuter, Gewürze und Früchte.

Gefüllte Champignons mit Ziegenfrischkäse

Für 2 Personen
Zubereitungszeit: 10 Minuten

- 100 g Ziegenkäse, eingelegt in Salzlake
- 50 g Frischkäse
- 3 getrocknete Tomaten (in Olivenöl eingelegt)
- 1 rote Spitzpaprika
- 2 Zweige Thymian
- 8 Basilikumblätter
- ¼ TL getrocknete Pfefferschoten
- 1 Msp. mildes Paprikapulver
- 1–3 Knoblauchzehen
- 400 g große frische Champignons
- Kräutermeersalz

1 Portion (ca. 330 g): 290 kcal, 21 g Eiweiß (28,9 E%), 17,6 g Fett (54,9 E%), 11,8 g Kohlenhydrate (16,2 E%)

01 Den Ziegenkäse in kleine Stücke brechen, diese in eine Schüssel geben und gut mit dem Frischkäse verrühren.

02 Die getrockneten Tomaten abtropfen lassen (das Öl auffangen und später einen Teil davon zum Dip geben) und in möglichst kleine Stücke schneiden. Die Spitzpaprika waschen, putzen und ebenfalls in ganz kleine Stücke schneiden.

03 Den Thymian und etwa die Hälfte der Basilikumblättchen mit einem scharfen Messer fein schneiden.

04 Die Tomaten- und Paprikastücke zusammen mit den Kräutern, den getrockneten Pfefferschoten und dem Paprikapulver zum Frischkäsegemisch geben und alles gut durchrühren.

05 Den Knoblauch schälen und durch die Presse drücken. Danach ebenfalls zum Dip geben, etwas von dem aufgefangenen Olivenöl zugeben und alles nochmals gut durchrühren.

06 Champignons putzen, den Stiel jeweils abdrehen und herausziehen.

07 Anschließend den Dip in die Champignons füllen und das Ganze auf Tellern anrichten.

08 Die restlichen Basilikumblättchen in feine Streifen schneiden und über die Champignons streuen. Zum Schluss eine Prise Kräutermeersalz darüber geben.

TIPP: Die Füllung eignet sich auch bestens als Dip zu Gemüsesticks.

Käsetruffes im Salatbeet

Für 2 Personen
Zubereitungszeit: 20 Minuten

- ½ Bund glatte Petersilie
- ½ Bund Schnittlauch
- 20 g Pinienkerne
- 20 g Sesamsamen
- 150 g mittelreifer Weichkäse (z. B. Camembert, Brie)
- 1 Msp. Currypulver
- 1 Msp. Paprikapulver
- 2 EL Rapsöl
- 2 EL heller Balsamicoessig
- ½ TL grober Senf
- 400 g gemischter Blattsalat nach Wunsch (z. B. Eisberg, Spinat, Feldsalat)
- 50 g Kresse
- Meersalz, Pfeffer aus der Mühle

1 Portion (ca. 345 g): 465 kcal, 24,2 g Eiweiß (21,1 E%), 37,6 g Fett (72,6 E%), 7,2 g Kohlenhydrate (6,3 E%)

01 Petersilie und Schnittlauch kurz kalt abspülen und trocken tupfen. Die Petersilie mit einem scharfen Messer klein, den Schnittlauch mit der Küchenschere in dünne Ringe schneiden.

02 Die Pinienkerne mit dem Multizerkleinerer oder mit einem großen Küchenmesser sehr klein schneiden.

03 Die vorbereiteten Zutaten sowie die Sesamsamen in verschiedene kleine Schälchen geben.

04 Die Rinde des Weichkäses wegschneiden, den Käse grob in Stücke schneiden und mit einer Gabel zerdrücken. In zwei Portionen teilen. In jeweils eine Portion das Curry- bzw. Paprikapulver geben und alles gut vermischen.

05 Mit kalt abgespülten, noch leicht feuchten Händen kleine Kugeln formen und diese sofort in den verschiedenen Kräutern, Samen und Kernen wenden. Kühl stellen.

06 Aus Öl, Essig, Senf sowie Salz und Pfeffer eine Salatsauce zubereiten.

07 Den Salat küchenfertig putzen, zusammen mit der Kresse waschen und trocken schleudern.

08 Blattsalat und Kresse kurz mit dem Dressing vermischen und auf tiefen Tellern anrichten. Die Käsetruffes auf den Salat legen und servieren.

Pfirsichmousse auf Pak-Choi-Salat

Für 2 Personen
Zubereitungszeit: 15–20 Minuten

- 1 frischer, sehr weicher Pfirsich (alternativ 2 Pfirsichhälften aus der Dose, ungezuckert)
- 1 gehäufter EL Mascarpone (ca. 20 g)
- 70 ml Sahne
- 400 g Pak Choi (alternativ Feldsalat)
- 1 Karotte
- 1 daumengroßes Stück Ingwer
- ½ Bund Radieschen
- 2 EL Olivenöl
- Schalenabrieb und Saft von 1 Limette
- ½ TL getrocknete Pfefferschoten
- 30 g Cashewkerne
- Salz, Pfeffer

1 Portion (ca. 390 g): 400 kcal, 10,2 g Eiweiß (10,3 E%), 33,2 g Fett (74,1 E%), 15,5 g Kohlenhydrate (15,6 E%)

01 Den Pfirsich waschen, trocken tupfen und in zwei Hälften schneiden. Den Kern herauslösen. Mascarpone zusammen mit dem Pfirsichfleisch mit dem Stab- oder Standmixer fein pürieren.

02 Die Sahne sehr steif schlagen. Vorsichtig unter das Pfirsichpüree ziehen. Bis zum Anrichten kühl stellen.

03 Den Strunk der Pak-Choi-Blätter entfernen und die Salatblätter waschen und trocken schleudern. Karotte und Ingwer schälen und auf der feinen Reibe raffeln.

04 Die Radieschen küchenfertig putzen und in feine Streifen schneiden.

05 Aus Olivenöl, Limettensaft, getrockneten Pfefferschoten sowie Salz und Pfeffer ein Dressing zubereiten.

06 Den Pak Choi zusammen mit den Karotten und den Radieschen zum Dressing geben, kurz darin wenden. Auf Tellern anrichten.

07 Mit einem kalt abgespülten Löffel die Pfirsichmousse abstechen und in die Mitte des Salates geben.

08 Mit Cashewkernen und Limettenschalenabrieb bestreuen.

Scharfer Birnen-Spargel-Salat mit Walnüssen

Für 2 Personen
Zubereitungszeit: 15 Minuten

- 2 Birnen
- ½ Granatapfel
- 200 g weißer Spargel aus dem Glas (Abtropfgewicht)
- 1 Limette
- 1 Frühlingszwiebel
- ½ Stängel Zitronengras
- 1 grüne Paprikaschote
- ½ Bund Koriander oder glatte Petersilie
- ½ Bund Thaibasilikum
- ½ Zitrone
- 2 EL Rapsöl
- 1 Msp. Rosenpaprika
- 30 g Walnüsse
- Pfeffer aus der Mühle, Meersalz

1 Portion (ca. 360 g): 310 kcal, 6,1 g Eiweiß (7,9 E%), 21,7 g Fett (62,6 E%), 22,7 g Kohlenhydrate (29,5 E%)

01 Die Birnen waschen, schälen, halbieren und entkernen. Anschließend in ca. 1 cm große Würfel schneiden. Diese in eine große Schüssel geben.

02 Die Granatapfelhälfte mit der Schnittfläche in die hohle Hand mit gespreizten Fingern legen, über die Birnenwürfel halten und mit einem Esslöffel auf die Schale klopfen. Die Kerne fallen so von alleine heraus.

03 Die Spargelstangen aus dem Glas nehmen und kurz mit Haushaltspapier abtupfen. Anschließend in ca. 3 cm lange Stücke schneiden.

04 Die Limette halbieren, auspressen und den Saft zu den Früchten geben.

05 Die Frühlingszwiebel und das Zitronengras küchenfertig vorbereiten. Anschließend beides in feine Scheibchen schneiden.

06 Die Paprikaschote putzen, halbieren, entkernen und waschen. Anschließend in 1 cm große Würfel schneiden.

07 Die Kräuter kurz unter kaltem Wasser abspülen, trocken tupfen und grob zerzupfen.

08 Die Zitronenhälfte auspressen. Für die Salatsauce das Rapsöl mit dem Zitronensaft, dem Rosenpaprika sowie den Kräutern verrühren. Mit Salz und Pfeffer abschmecken.

09 Alle Zutaten gut mit dem Dressing vermischen und das Ganze einige Minuten durchziehen lassen.

10 Die Walnüsse grob hacken.

11 Den Salat in flachen Schälchen anrichten und die Walnüsse darüberstreuen.

TIPP: Hier gibt es zahlreiche Variationsmöglichkeiten. Ersetzen Sie z. B. das Zitronengras durch ein kleines Stück geriebenen Ingwer. Im Sommer können Sie die Birnen durch Aprikosen, Nektarinen oder Pfirsiche ersetzen, die Walnüsse durch Cashewnüsse.

Low-Carb-Cannelloni

Für 2 Personen
Zubereitungszeit: 25 Minuten

- 6 Scheiben gekochter Schinken
- 180 g Ricotta (oder Halbfettquark mit 20 % Fett i. Tr.)
- 1 kleine gelbe Paprikaschote
- 1 kleine Zucchini
- 1 Frühlingszwiebel, nur grüner hinterer Teil
- je 2 Zweige Oregano und Thymian (wahlweise 1 TL italienische Kräutermischung)
- 4 Fleischtomaten
- 75 g Mozzarella
- 6 Basilikumblätter
- 1 EL natives Olivenöl
- 1 EL Balsamicoessig
- Meersalz, Pfeffer aus der Mühle

1 Portion (ca. 550 g): 575 kcal, 46,2 g Eiweiß (32,5 E%), 35,3 g Fett (55 E%), 17,8 g Kohlenhydrate (12,5 E%)

01 Die gekochten Schinkenscheiben auf einen Teller legen.

02 Den Ricotta in eine Schüssel geben.

03 Die Paprikaschote und Zucchini küchenfertig putzen und mit dem Multizerkleinerer klein schneiden. Die hinteren grünen Enden der Frühlingszwiebel mit der Küchenschere in ganz feine Ringe schneiden.

04 Die Blättchen der Kräuter von den Zweigen abstreifen und zusammen mit dem zerkleinerten Gemüse und den Frühlingszwiebelringen zum Ricotta geben. Alles gut durchmischen. Mit Pfeffer und Salz abschmecken.

05 Die Tomaten waschen, trocken tupfen und halbieren. Den Strunk herausschneiden. Anschließend die Tomaten in ca. 1 cm große Würfel schneiden.

06 Den Mozzarella mit der groben Reibe raffeln. Die Basilikumblätter mit einem scharfen Messer in feine Streifen schneiden.

07 Für das Dressing Olivenöl, Balsamicoessig, Salz und Pfeffer verrühren.

08 Die Tomaten in das Dressing geben und alles gut vermischen.

09 1 EL Ricotta auf jede Schinkenscheibe streichen und diese einrollen.

10 Je 3 Cannelloni in eine kleine Ofenform oder tiefen Teller legen und mit dem Tomatensalat bedecken. Am Schluss den geriebenen Mozzarella und die Basilikumstreifen darüberstreuen.

TIPP: Wenn es doch mal ein warmes Gericht sein sollte, können Sie die Cannelloni nach der Zubereitung ca. 25 Minuten bei 180° in den Backofen geben. Lassen Sie aber dann den Balsamicoessig weg.

Salsa verde auf kaltem Putenbraten

Für 2 Personen
Zubereitungszeit: 15–20 Minuten
Kühlzeit: 1 Stunde

- 2 Bund glatte Petersilie
- 1 Frühlingszwiebel
- 1 Knoblauchzehe
- 1 EL Kapern
- 10 g Haferflocken
- 20 g Sonnenblumenkerne
- ½ Bio-Zitrone
- 20 g Parmesan
- 4 EL natives Olivenöl
- Meersalz, Pfeffer aus der Mühle
- 300 g kalter Putenbraten in Scheiben

1 Portion (ca. 375 g): 460 kcal, 41,6 g Eiweiß (36,5 E%), 28,6 g Fett (55,5 E%), 9,1 g Kohlenhydrate (8 E%)

01 Die Petersilie waschen und trocken tupfen. Die Blätter grob hacken.

02 Die Frühlingszwiebel putzen und in feine Ringe schneiden.

03 Die Knoblauchzehe schälen und die Enden wegschneiden. Zusammen mit den Zwiebelringen und den Kapern fein hacken.

04 Die Haferflocken und die Sonnenblumenkerne fein hacken. Den Parmesan reiben. Die Zitrone auspressen.

05 Alle vorbereiteten Zutaten in eine Schüssel geben und gut vermischen. Das Olivenöl in einem dünnen Strahl unter ständigem Umrühren dazugießen. Mit Salz und Pfeffer abschmecken.

06 Die Salsa sollte eine sehr dickflüssige Konsistenz haben. Circa 1 Stunde kühl stellen. Vor dem Anrichten nochmals gut durchrühren.

07 Zum Servieren zwei Teller mit den Putenbratenscheiben auslegen. Die Salsa verde darauf verteilen.

TIPP: Reichen Sie dazu einige Gemüsesticks. Mischen Sie als Variation ein fein gehacktes Sardellenfilet unter die Salsa.

Bunter Wurst-Käse-Salat

Für 2 Personen
Zubereitungszeit: 15–20 Minuten

- 100 g Geflügelcervelat am Stück (alternativ geschnitten)
- 100 g Käse (z. B. Gouda, Parmesan, Emmentaler) am Stück
- ½ Bund Radieschen
- 1 kleine Zucchini
- 4 kleine Essiggurken aus dem Glas
- 2 kleine aromatische Tomaten
- ¼ Eisbergsalat
- ½ Bund glatte Petersilie
- 30 g Rettichsprossen
- 2 EL Rapsöl
- 2 EL Weißweinessig
- 1 TL grobkörniger scharfer Senf
- Salz, Pfeffer

1 Portion (ca. 360 g): 420 kcal, 32,7 g Eiweiß (31,8 E%), 29 g Fett (62,2 E%), 6,1 g Kohlenhydrate (6 E%)

01 Die Cervelatwurst von der Pelle befreien, der Länge nach halbieren und in feine Scheiben schneiden. Den Käse dünn hobeln.

02 Die Radieschen und die Zucchini waschen und putzen, ebenso wie die Essiggurken in feine Scheiben schneiden.

03 Die Tomaten waschen und halbieren. Den Strunk ausschneiden und die Hälften nochmals achteln.

04 Den Eisbergsalat waschen, trocken tupfen und in mundgerechte Stücke zupfen.

05 Die Petersilie und die Sprossen in einem großen Sieb kurz mit kaltem Wasser abbrausen und trocken tupfen. Anschließend die Petersilie mit einem scharfen Messer klein schneiden.

06 Alle Zutaten in eine große Schüssel geben.

07 Für die Sauce Rapsöl, Essig, Senf, Salz und Pfeffer verrühren und über den Salat geben.

08 Anschließend den Salat in flachen Schälchen anrichten.

TIPP: Sollten Sie noch ein hart gekochtes Ei im Kühlschrank haben, können Sie den Salat damit garnieren.

Exotischer Papayasalat

Für 2 Personen
Zubereitungszeit: 15 Minuten

- 1 Papaya
- 1 Freilandgurke (400 g)
- 5 Cherrytomaten
- 1 Chilischote
- 1 Bund Thaibasilikum
- 1 rote kleine Zwiebel
- 2 Knoblauchzehen
- 50 g Rettichsprossen
- 20 g gesalzene Erdnüsse
- 200 g geschnittenes gekochtes Rindfleisch (Tafelspitz, Siedfleisch)
- 2 EL Rapsöl
- 1 EL Weißweinessig
- Pfeffer aus der Mühle, Meersalz

1 Portion (ca. 445 g): 415 kcal, 33,4 g Eiweiß (32,7 E%), 25,1 g Fett (54,4 E%), 13,3 g Kohlenhydrate (13 E%)

01 Die Papaya halbieren. Mit einem Löffel die Kerne ausschaben. Das Fruchtfleisch aus der Schale lösen und in kleine Stücke schneiden.

02 Die Gurke schälen, längs halbieren und die Kerne mit einem kleinen Löffel ausschaben. Anschließend die Gurke in kleine Stücke schneiden. Die Cherrytomaten vierteln.

03 Die Chilischote halbieren, den Ansatz wegschneiden. Mit einem scharfen Messer die Kerne ausschaben. Die Schote in sehr feine Streifen schneiden. Basilikum mit einem scharfen Messer in kleine Stücke schneiden.

04 Die Zwiebel schälen und in kleine Würfel schneiden. Die Knoblauchzehen durch die Presse drücken. Die Rettichsprossen kurz kalt abspülen und sanft trocken tupfen.

05 Die Erdnüsse im Multizerkleinerer oder mit dem Messer in kleine Stücke schneiden.

06 Das Rindfleisch in mundgerechte Stücke schneiden.

07 Aus Öl, Essig, Salz und Pfeffer die Salatsauce zubereiten. Die vorbereiteten Zutaten in die Sauce geben und einige Minuten darin ziehen lassen.

08 In zwei tiefen Tellern oder Schüsselchen anrichten.

TIPP: Falls Sie bei Ihrem Metzger kein gekochtes Rindfleisch bekommen, passt auch geräucherte Putenbrust zu diesem Salat.

INFO: Die Papayakerne enthalten den Wirkstoff Papain. Dieser unterstützt die Eiweißverdauung, ähnlich wie das vom menschlichen Körper produzierte Verdauungsenzym Pepsin. Spülen Sie die Kerne gut ab und lassen Sie diese trocknen. Nehmen Sie täglich, am besten nach der Hauptmahlzeit bis zu 5 getrocknete Kerne zu sich.

Pikanter Gemüsesalat auf Putenbrust

Für 2 Personen
Zubereitungszeit: 15 Minuten

- ½ Salatgurke
- 2 Fleischtomaten
- 1 gelbe Paprikaschote
- 1 Bio-Zitrone
- 1 rote Chilischote
- 1 rote Zwiebel
- 1 daumengroßes Stück Ingwerwurzel
- ½ Bund gehackte Petersilie oder Koriander
- 2 EL Rapsöl
- ½ TL scharfes Currypulver
- 200 g geräucherte Putenbrust (in feine Scheiben geschnitten)
- 30 g Cashewnüsse
- Pfeffer und Salz

1 Portion (ca. 410 g): 360 kcal, 29,1 g Eiweiß (33,4 E%), 19,6 g Fett (19,8 E%), 14,6 g Kohlenhydrate (16,8 E%)

01   Das Gemüse waschen, putzen und trocken tupfen. Die Salatgurke schälen und längs halbieren. Die Kerne mit einem kleinen Löffel ausschaben. Die Tomaten nach Herausschneiden des Strunks vierteln. Die Paprikaschote halbieren, die Kerne und die weißen Zwischenhäute entfernen. Anschließend das ganze Gemüse in ca. 1 cm große Würfel schneiden.

02   Die Zitrone heiß abwaschen und die Schale fein abreiben. Diese beiseitestellen. Saft auspressen.

03   Die Chilischote halbieren, den Ansatz wegschneiden. Mit einem scharfen Messer die Kerne ausschaben. Die Schote in sehr feine Streifen schneiden. Die Zwiebel schälen, halbieren und ebenfalls in feine Streifen schneiden. Den Ingwer schälen und sehr fein reiben. Petersilie oder Koriander waschen, trocken schütteln und sehr fein hacken.

04   Für die Salatsauce das Rapsöl gut mit dem Zitronensaft und dem Currypulver verrühren.

05   Anschließend alle Zutaten gut miteinander vermischen und den Salat einige Minuten ziehen lassen. Mit Salz und Pfeffer abschmecken.

06   Zum Anrichten die Putenbrust ziegelartig auf zwei Tellern auslegen.

07   Den Salat darauf drapieren, Cashewnüsse und Zitronenschale darüberstreuen.

Gefüllte Rohschinkenröllchen

Für 2 Personen
Zubereitungszeit: 15–20 Minuten

- 150 g frischer junger Spinat
- 1 Noriblatt (getrocknete Rotalge)
- ½ Fenchelknolle
- 80 g Mozzarella
- 2 getrocknete Tomatenhälften
- ½ Bund glatte Petersilie
- 20 g Pinienkerne
- 1 EL Olivenöl
- 1 Msp. Cayennepfeffer
- Pfeffer aus der Mühle, Meersalz
- 8–10 Scheiben roher Schinken (fein geschnitten, ca. 80 g)

1 Portion (ca. 235 g): 305 kcal, 21 g Eiweiß (27,4 E%), 21,9 g Fett (64,9 E%), 5,9 g Kohlenhydrate (7,7 E%)

01 Den Spinat unter fließendem, kaltem Wasser gut abspülen. Anschließend trocken tupfen. Die Stiele wegschneiden. Die Blätter grob zerzupfen.

02 Das Noriblatt in kleine Stücke brechen und unter die Spinatblätter mischen.

03 Die Fenchelknolle putzen und auf einer Küchenreibe fein reiben, den Mozzarella auf einer groben Reibe/Bircherraffel reiben.

04 Die Tomatenhälften klein schneiden, die Petersilie klein hacken.

05 Alle vorbereiteten Zutaten mit den Pinienkernen, dem Olivenöl und Cayennepfeffer gut vermischen. Mit Pfeffer und Salz abschmecken.

06 Zum Anrichten jeweils 1 EL der Füllung auf eine Scheibe rohen Schinken geben und diese fest einrollen. Die Röllchen vor dem Servieren 5 Minuten durchziehen lassen.

TIPP: Die Röllchen bekommen eine orientalische Note, wenn Sie den Mozzarella durch Ziegenkäse ersetzen, anstelle des Cayennepfeffers mit Currypulver würzen und zusätzlich 1 EL Tahin (Sesampaste) verwenden. Die Petersilie ersetzen Sie durch Minze.

Garnelen in Avocadovinaigrette

Für 2 Personen
Zubereitungszeit: 15 Minuten

- 250 g gekochte und geschälte Bio-Garnelen (Kühlfach)
- 100 g Tomate (alternativ aus der Dose)
- ½ grüne Paprikaschote
- ½ gelbe Paprikaschote
- ½ druckweiche, reife Avocado
- 1 Knoblauchzehe
- 1 Frühlingszwiebel mit Grün
- 3 kleine eingelegte saure Gurken
- 1 TL Kapern aus dem Glas
- 2 EL Olivenöl
- 1 EL heller Balsamicoessig
- Pfeffer aus der Mühle, Meersalz
- Chilipulver
- ½ Bund glatte Petersilie
- ½ Bund Schnittlauch
- 2 Dillstängel

1 Portion (ca. 345 g): 325 kcal, 26 g Eiweiß (32,4 E%), 19,8 g Fett (54,5 E%), 10,5 g Kohlenhydrate (13,1 E%)

01 Die Garnelen kurz abspülen und trocken tupfen.

02 Das Gemüse waschen und ebenfalls trocken tupfen. Den Stielansatz der Tomate herausschneiden und die Tomate anschließend vierteln. Die Paprikaschoten halbieren, nach dem Entfernen der Kerne waschen und in Stücke schneiden. Den Rest der Paprikaschoten im Kühlschrank aufbewahren.

03 Die Avocado halbieren. Das Fruchtfleisch einer Hälfte aus der Schale lösen und in Stücke schneiden. (Die andere Hälfte bis zur weiteren Verwendung mit dem Stein im Fruchtfleisch zugedeckt kühl stellen.)

04 Den Knoblauch schälen und durch die Presse drücken, die Frühlingszwiebel küchenfertig vorbereiten und in dünne Ringe schneiden. Die sauren Gürkchen in Scheiben schneiden.

05 Alle vorbereiteten Zutaten zusammen mit den Kapern, Olivenöl und Balsamicoessig in einen Multizerkleinerer geben. Einige Sekunden laufen lassen; es sollten noch kleine Gemüsestücke erkennbar sein.

06 Mit Salz, Pfeffer sowie Chilipulver abschmecken.

07 Die Kräuter kurz abbrausen und trocknen. Die Petersilie mit einem scharfen Messer klein schneiden. Den Schnittlauch mit einer Küchenschere in dünne Ringe schneiden. Den Dill vom Stängel streifen.

08 Die Garnelen in eine Schale geben, gut mit der Avocadovinaigrette vermischen. Einige Minuten durchziehen lassen. Zum Servieren Petersilie, Schnittlauch und Dill darüberstreuen.

TIPP: Diese Vinaigrette passt auch zu kaltem Fisch oder als Beilage zu gegrilltem Fisch.

Low-Carb-Sushi

Für 2 Personen
Zubereitungszeit: 20 Minuten

- 300 g körniger Frischkäse
- 50 ml Sahne
- 1 daumengroßes Stück Meerrettich
- ½ Freilandgurke
- 150 g geräucherter Lachs in Scheiben
- 4 Noriblätter
- 1 Sushimatte
- Sojasauce

1 Portion (ca. 360 g): 420 kcal, 32,1 g Eiweiß (35,1 E%), 20,7 g Fett (51,4 E%), 12,3 g Kohlenhydrate (13,5 E%)

01 Den Frischkäse in einem Sieb gut abtropfen lassen. Die Sahne steif schlagen. Den Meerrettich schälen und ganz fein reiben. Anschließend zusammen mit der geschlagenen Sahne unter den Frischkäse mischen.

02 Die Gurke schälen, längs halbieren und die Kerne mit einem Löffel ausschaben. Das Gurkenfleisch in lange dünne Streifen schneiden. Den Räucherlachs ebenfalls in schmale Streifen schneiden.

03 Die Noriblätter auf der Sushimatte auslegen. Die Frischkäsemischung darauf glatt streichen. Dabei den Rand rundherum 2–3 cm frei lassen. Das Gemüse und den Räucherlachs darauf auslegen.

04 Das Ganze mit der Matte vorsichtig, aber fest aufrollen. Einige Minuten in der Matte ruhen lassen, damit die Noriblätter schön durchziehen können. Mit einem scharfen Messer die Rolle in ca. 3–4 cm lange Sushiröllchen schneiden.

05 Das Sushi auf zwei Tellern anrichten. Die Sojasauce in einem extra Schälchen dazu reichen.

TIPP: Noriblätter aus gepressten Rotalgen, Sushimatten sowie Sojasauce erhalten Sie in jedem Asiengeschäft sowie mittlerweile auch in gut sortierten Supermärkten.

VARIANTEN: Geben Sie anstelle des Meerrettichs einen ½ TL Currypulver in die Frischkäsemischung. Ersetzen Sie den geräucherten Lachs durch geräucherte Putenbruststreifen.

Heringssalat

Für 2 Personen
Zubereitungszeit: 15 Minuten

- 1 Knollensellerie (ca. 400 g)
- 1 säuerlicher Apfel
- ½ Zitrone
- 20 g Walnüsse
- 50 g frische Heidelbeeren (wahlweise frische Johannisbeeren oder Cranberrys)
- 100 g geräucherte Heringsfilets
- 50 ml saure Sahne
- Cayennepfeffer,
- ½ Bund frischer Schnittlauch
- Salz und Pfeffer

1 Portion (ca. 330 g): 330 kcal, 14,1 g Eiweiß (15,7 E%), 26,6 g Fett (67,1 E%), 15,5 g Kohlenhydrate (17,2 E%)

01   Knollensellerie und den Apfel schälen und auf der groben Reibe raffeln. In eine große Schüssel geben.

02   Die Zitronenhälfte auspressen. Saft beiseitestellen.

03   Die Walnüsse mit einem großen Küchenmesser grob hacken. Die Heidelbeeren kurz kalt abspülen und trocken tupfen.

04   Die geräucherten Heringsfilets abtupfen, anschließend in Streifen schneiden.

05   Sämtliche Zutaten mit der sauren Sahne in einer großen Schüssel vermischen, mit Cayennepfeffer, Salz und Pfeffer abschmecken.

06   Schnittlauch waschen, trocken schütteln und in Röllchen schneiden.

07   Auf tiefen Tellern anrichten. Großzügig mit den Schnittlauchröllchen garnieren.

Rote-Bete-Nest mit Räucherforelle

Für 2 Personen
Zubereitungszeit: 15 Minuten

- 200 g geräucherte Forellenfilets
- 1 Rote Bete (roh, ca. 300 g)
- 300 g Feldsalat
- 3 EL Rapsöl
- 3 EL Weißweinessig
- ½ TL Kümmelsamen
- 50 g Meerrettichsahne
- 1 EL Sonnenblumenkerne
- 20 g Rote-Bete-Sprossen
- Salz, Pfeffer

1 Portion (ca. 445 g): 445 kcal, 29,1 g Eiweiß (26,3 E%), 29,7 g Fett (60,7 E%), 14,4 g Kohlenhydrate (13 E%)

01 Die Forellenfilets abtupfen und in Längsstreifen schneiden.

02 Die Rote Bete schälen und in vier Stücke schneiden. Die Stücke durch den Spiralschneider drehen.

03 Den Feldsalat waschen und trocken schleudern.

04 Rapsöl, Weißweinessig, Kümmelsamen, Salz und Pfeffer zu einem Dressing verrühren. Den Feldsalat in das Dressing geben, vermischen und auf flache Teller verteilen.

05 Die Rote Bete in dem verbleibenden Dressing wenden, herausnehmen, zu runden Nester drehen und diese dann auf den Salat setzen.

06 Die geräucherten Forellenfilets in der Mitte der Nester drapieren.

07 Die Meerrettichsahne mit einem kleinen Kaffeelöffel über das Gericht verteilen.

08 Sonnenblumenkerne und Sprossen darüber streuen.

09 Als Dekoration eignen sich ein paar Stiefmütterchenblüten, die Sie mitessen können.

TIPPS: Da die Rote Bete die Hände intensiv rot färbt, empfiehlt es sich, bei der Zubereitung Plastikhandschuhe zu tragen. Sollten Sie keinen Spiralschneider zur Hand haben, raffeln Sie die Rote Bete auf einer feinen Reibe und richten Sie sie als »Rote-Bete-Kissen« an.

So stellen Sie die Meerrettichsahne selber her: 50 ml Sahne steif schlagen, 20 g Mascarpone unterziehen. Circa 3 cm frischen Meerrettich fein reiben und unter die Sahne mischen.

Thunfischsalat auf Mango-Avocado-Creme

Für 2 Personen
Zubereitungszeit: 15–20 Minuten

- 150 g Thunfisch (Abtropfgewicht, Dose oder Glas)
- 1–2 Frühlingszwiebeln
- 2–4 kleine saure Gurken (Glas)
- ½ Bund glatte Petersilie
- 1 Bio-Zitrone
- 1 Bio-Limette
- 1 EL Speisequark (40 % Fett i. Tr.)
- 1 Avocado
- 1 Prise Chilipulver
- ½ Mango
- ½ Eisbergsalat
- Pfeffer, Salz

1 Portion (ca. 375 g): 285 kcal, 21,6 g Eiweiß (31,2 E%), 15,8 g Fett (51,8 E%), 11,8 g Kohlenhydrate (17 E%)

01 Den Thunfisch abtropfen lassen und in eine Schüssel geben. Mit einer Gabel zerpflücken.

02 Die Frühlingszwiebeln waschen, putzen und in feine Ringe schneiden. Die sauren Gurken in dünne Scheiben schneiden. Die Petersilie grob hacken.

03 Die Zitrone und Limette auspressen.

04 Alles mit dem Quark vermischen und einige Minuten durchziehen lassen.

05 Die Avocado halbieren, den Stein entfernen, das Fruchtfleisch auskratzen und mit einer Gabel fein zerdrücken. Mit Chilipulver, Pfeffer und Salz abschmecken.

06 Die Mango in ½ cm große Stückchen schneiden und unter die Avocadocreme mischen.

07 Den Eisbergsalat waschen, die Blätter auf zwei Teller verteilen.

08 Den Thunfischsalat und die Mango-Avocado-Creme nebeneinander darauf anrichten.

Erdbeertiramisu

Für 2 Personen
Zubereitungszeit: 15–20 Minuten,
Kühlzeit: 2–3 Stunden

- 200 g Magerquark (< 10 % Fett i. Tr.)
- 40 g Mascarpone
- 2 TL Steviapulver (alternativ 2 TL Xylit)
- ½ Vanilleschote
- 40 ml Schlagsahne
- 200 g Erdbeeren
- 20 g feine Haferflocken
- 25 g gehackte grüne Pistazien
- 1 TL ungesüßtes Kakaopulver

1 Portion (ca. 275 g): 360 kcal, 20,2 g Eiweiß (22,9 E%), 22,7 g Fett (56,9 E%), 17,8 g Kohlenhydrate (20,2 E%)

01 Den Quark mit der Mascarpone und 1 EL Steviapulver verrühren.

02 Die Vanilleschote aufschneiden, das Mark mit einem Messerrücken auskratzen und zur Quarkcreme geben.

03 Die Sahne steif schlagen und ebenfalls vorsichtig unter die Creme mischen.

04 Die Erdbeeren waschen, trocken tupfen und entkelchen. Anschließend die Früchte in ca. 1 cm große Stücke schneiden.

05 Ungefähr die Hälfte der Erdbeeren mit dem restlichen Steviapulver mit dem Pürierstab mixen. Anschließend das Püree mit den verbliebenen Erdbeerstücken mischen.

06 Die Haferflocken mit den gehackten Pistazien mischen.

07 Schichtweise in folgender Reihenfolge in zwei Gläser (ca. 3 dl) füllen: 1 EL Haferflockenmischung – ¼ Erdbeermasse – ¼ Quarkcreme. Das Ganze noch einmal wiederholen.

08 Die Gläser mit Klarsichtfolie abdecken und für mindestens 2–3 Stunden in den Kühlschrank stellen.

09 Vor dem Servieren mit gesiebtem Kakaopulver bestreuen.

TIPP: Am Vorabend in Einmachgläser gefüllt und kalt gestellt lässt sich das Erdbeertiramisu am nächsten Tag gut mit an den Arbeitsplatz oder auf einen Ausflug mitnehmen.

ALTERNATIV zu den Haferflocken können Sie auch klein gehackte Nüsse und Kerne verwenden.

Fruchtspießchen mit Schoko-Erdnuss-Creme

Für 2 Personen
Zubereitungszeit: 15 Minuten

- 30 g Erdnussbutter (gekauft oder selbst gemacht)
- ausgeschabtes Vanillemark einer ½ Vanilleschote
- 1 TL ungezuckertes Kakaopulver
- 1 Kiwi
- 1 Scheibe Ananas (ca. 50 g, frisch oder aus der Dose, ungezuckert)
- 1 Clementine

1 Portion (ca. 135 g): 155 kcal, 5,2 g Eiweiß (13,3 E%), 8,4 g Fett (48,9 E%), 14,7 g Kohlenhydrate (37,7 E%)

01 Die Erdnussbutter zusammen mit dem Vanillemark und dem Kakaopulver in ein Schüsselchen geben. Ein wenig heißes Wasser in eine größere Schüssel gießen. Die kleine Schüssel hineinstellen und die Erdnussbutter mit den übrigen Zutaten gut vermischen und einige Minuten erwärmen.

02 Während dieser Zeit die Kiwi schälen und in mundgerechte Stücke schneiden. Die Ananas in kleine Stücke schneiden. Die Clementine schälen und die Spalten voneinander trennen.

03 Die Früchte auf kleine Zahnstocher stecken und auf einem flachen Teller anrichten. Die Schoko-Erdnuss-Creme zum Dippen in zwei kleine Schälchen füllen.

Selbstgemachte Erdnussbutter:

Falls Sie die Erdnussbutter gerne selber herstellen, benötigen Sie dazu 200 g geschälte, ungesalzene Erdnüsse. Geben Sie diese in einen Standmixer.

Lassen Sie diesen zu Beginn auf niedrigster Stufe laufen. Wenn die Erdnüsse zerkleinert sind, langsam die Intensität erhöhen und einige Sekunden auf mittlerer Stufe laufen lassen. Den Mixer kurz ausschalten. Nach einer Wartezeit von ungefähr 5 Minuten wieder auf niedriger Stufe beginnen, diesmal jedoch nach und nach auf die Höchststufe stellen und ungefähr 1 Minute laufen lassen. Diesen Vorgang so oft wiederholen, bis die gewünschte Konsistenz erreicht ist (in der Regel 4–5-mal).

Die Ruhepausen unbedingt einhalten, da während dieser Zeit das Öl aus den Erdnüssen austritt. Dieses Rezept eignet sich übrigens für alle Nusssorten.

Kleinere Mengen lassen sich nicht gut mixen. Bewahren Sie also die Reste größerer Mengen gut verschlossen im Kühlschrank auf. Die Nussbutter hält sich so einige Tage.

DESSERTS

Beereneis

Für 2 Personen
Zubereitungszeit: 5–10 Minuten

- 150 g tiefgekühlte Beeren
- ½ Limette
- ½ EL Xylit
- 6–8 Basilikumblätter
- 50 ml Buttermilch (aus dem Kühlschrank)
- 100 g Speisequark (40 % Fett i. Tr.)
- 50 ml Sahne
- 20 g Mandelblättchen
- 2 Basilikumblätter zur Garnitur

1 Portion (ca. 200 g): 260 kcal, 10,1 g Eiweiß (15,6 E%), 19,6 g Fett (68,5 E%), 8 g Kohlenhydrate (12,3 E%), 4 g Zuckeralkohol (3,6 E%)

01 Die tiefgefrorenen Beeren in ein Mixgefäß geben.

02 Die Limettenhälfte auspressen und den Saft zusammen mit dem Xylit und den zuvor grob zerzupften Basilikumblättern (zwei Blätter vorab für die Garnitur beiseitelegen!) über die Beeren geben. Alles gut mischen.

03 Die Buttermilch mit dem Quark verrühren. Die Sahne steif schlagen und bis auf 2 TL alles unter die Quarkcreme ziehen.

04 Mit dem Stabmixer oder im Standmixer alles gut durchmixen.

05 Zum Servieren das Eis in eine Spritztülle füllen und in Cocktailgläser geben. Mit je 1 TL Sahne, den Mandelblättchen sowie je 1 Basilikumblatt garnieren.

> **TIPP:** Variieren Sie das Beerenobst je nach Vorliebe: Erdbeeren, Himbeeren, Johannisbeeren, Brombeeren oder selbst eingefrorene Stachelbeeren. Verwenden Sie auch andere Kräuter wie Zitronenmelisse, Pfefferminz oder Salbei. Das Xylit können Sie durch ½ TL Agavendicksaft ersetzen. Anstelle der Limette eignen sich auch Zitrone oder das Mark einer halben Vanilleschote.

DESSERTS

Geraffelter Apfel auf Vanillejoghurt

Für 2 Personen
Zubereitungszeit: 10 Minuten

- 2 säuerliche Äpfel
- ½ Bio-Zitrone
- ½ TL Zimt
- 1 Msp. Kardamompulver
- ½ Vanilleschote
- 250 g griechischer Joghurt (natur, ungezuckert)
- 20 g gehackte Walnüsse

1 Portion (ca. 245 g): 280 kcal, 5,9 g Eiweiß (8,6 E%), 19,7 g Fett (63,2 E%), 19,4 g Kohlenhydrate (28,2 E%)

01 Die Äpfel schälen und auf einer groben Reibe/Bircherraffel reiben.

02 Die Zitronenhälfte auspressen und den Saft mit den geraffelten Äpfeln mischen. Zimt und Kardamompulver unterrühren.

03 Die Vanilleschote längs aufschneiden und mit einem Messerrücken das Mark auskratzen. Den Joghurt gut mit dem Vanillemark verrühren.

04 Zum Anrichten einen Joghurtspiegel in zwei flache Schälchen streichen. Jeweils die Hälfte der geriebenen Äpfel darauf verteilen. Mit den gehackten Walnüssen garnieren.

TIPP: Zur Weihnachtszeit können Sie die Äpfel anstelle des Zimt-Kardamom-Gemischs mit einem ¼ TL Lebkuchengewürz aromatisieren. Als Dessert serviert können Sie noch ein wenig Schlagsahne zufügen. Anstelle der groben Reibe/Bircherraffel können Sie auch einen Spiralschneider für die Äpfel verwenden. Legen Sie dann die »Apfelspaghetti« als Nest auf den Teller und geben Sie den Joghurt in die Mitte.

Cashew-Zimt-Sorbet auf marinierten Apfelspalten

Für 2 Personen
Zubereitungszeit: 10 Minuten

- 1 säuerlicher Apfel
- Saft und Schalenabrieb einer ½ Bio-Zitrone
- ½ TL Zimt
- 1 EL Wasser
- 50 g Cashewkerne
- 1 EL Ahornsirup (ca. 10 g)
- ½ TL gemahlener Zimt
- ca. 20 Eiswürfel

1 Portion (ca. 160 g): 210 kcal, 5,6 g Eiweiß (10,7 E%), 11,9 g Fett (50,5 E%), 20,2 g Kohlenhydrate (38,8 E%)

01   Den Apfel waschen und wenn gewünscht schälen. Anschließend halbieren, das Kerngehäuse herausschneiden und in insgesamt 16 Spalten schneiden.

02   Den Zitronensaft zusammen mit dem Zimt und dem Wasser in einem flachen Schüsselchen gut vermischen.

03   Die Apfelspalten hineinlegen, mit der Sauce beträufeln und zur Seite stellen. Nach wenigen Minuten nochmals durchmischen.

04   Die Cashewkerne zusammen mit Ahornsirup, Zimt, Zitronenabrieb und den Eiswürfeln in einen Standmixer geben. Diesen zu Beginn langsam laufen lassen und sobald das Eis und die Nüsse zerkleinert sind, kurz auf höchster Stufe mixen.

05   Die Apfelspalten auf zwei Schälchen drapieren, das Eis daraufsetzen und sofort servieren.

TIPP: Dieses Sorbet eignet sich als Dessert nach einem Salatteller. Selbstverständlich können Sie anstelle des Apfels auch Birnen verwenden. Sollten Sie keinen Ahornsirup zu Hand haben, verwenden Sie stattdessen Honig oder Agavendicksaft.

Schoko-Mandel-Birnen-Eis

Für 2 Personen
Zubereitungszeit: 20 Minuten
Gefrierzeit: in der Eismaschine 30 Minuten, im Tiefkühler 3 Stunden

- 1 vollreife, weiche Birne (ca. 180 g) (alternativ 2 Birnenhälften aus der Dose, ungezuckert)
- 150 ml Mandelmilch (selbst zubereitet oder fertig gekauft)
- 1 TL Mandelmus
- 20 g gemahlene Mandeln
- 2 TL ungezuckertes Kakaopulver
- 1 Sternfrucht (Karambole)
- wenig Kakaopulver

1 Portion (ca. 210 g): 160 kcal, 5,5 g Eiweiß (13,7 E%), 9 g Fett (51,3 E%), 13,9 g Kohlenhydrate (35 E%)

01 Die Birne waschen und schälen. Anschließend halbieren, das Kerngehäuse herausschneiden und die Frucht in kleine Stücke schneiden.

02 Die Birnenstücke zusammen mit Mandelmilch, Mandelmus, den gemahlenen Mandeln und dem Kakaopulver in ein hohes Gefäß geben.

03 Die Masse so lange mit dem Stabmixer pürieren, bis sie schön glatt ist.

04 Zum Gefrieren die Masse entweder für eine halbe Stunde in die Eismaschine geben oder direkt in 2 Silikonförmchen gefüllt in den Gefrierschrank.

05 Schneiden Sie von der Sternfrucht 4 dünne Spalten ab. Legen Sie je eine Sternfrucht auf die Teller, sieben wenig Kakaopulver darüber, nehmen die Sternfrucht wieder weg und legen diesen neben dem Kakaostern zusammen mit den übrigen Sternfruchtscheiben hübsch auf die Teller. Richten Sie das Eis daneben an.

Selbstgemachte Mandelmilch

01 Geben Sie 125 g ganze geschälte Mandeln in eine große Schüssel. Gießen Sie so viel Wasser dazu, bis die Mandeln gut 3 cm im Wasser versinken. Lassen Sie diese nun 8–10 Stunden quellen. Danach das Wasser weggießen, die Mandeln kurz abspülen und dann in einen Standmixer füllen. 500 ml kaltes Wasser dazugeben. Lassen Sie den Standmixer zu Beginn langsam laufen. Sobald die Mandeln zerkleinert sind, schalten Sie auf die höchste Stufe und mixen so lange, bis keine Stücke mehr erkennbar sind.

02 Legen Sie nun ein dünnes Küchentuch in ein Sieb über eine Schüssel oder einen Krug und gießen Sie die Mandelmasse hinein. Abtropfen lassen, am Schluss das Tuch gut ausdrücken.

INFO: Im Kühlschrank aufbewahrt bleibt die Mandelmilch einige Tage frisch. Die Mandelreste eignen sich getrocknet hervorragend als Backzutat.

Impressum

© 2015 systemed Verlag, Lünen. Alle Rechte vorbehalten. Nachdruck, auch auszugsweise, sowie Verbreitung durch Film, Funk und Fernsehen, durch fotomechanische Wiedergabe, Tonträger und Datenverarbeitungssysteme jeglicher Art nur mit schriftlicher Genehmigung des Verlages.

Die Marke LOGI sowie die LOGI-Methode sind für die Systemed GmbH, 44534 Lünen, geschützt.

Redaktion:	systemed Verlag, Lünen
	systemed GmbH, Kastanienstr. 10, 44534 Lünen
Lektorat:	Susanne Bader, Weißach
Fotografie:	Studio Reiner Schmitz, München
Foodstyling:	Marcel Sumpf, München
Stockfotografie:	www.fotolia.de
Umschlaggestaltung:	Hauptmann & Kompanie Werbeagentur, Zürich
Satz:	A flock of sheep, Lübeck
Druck:	Druckerei Uhl, Radolfzell
ISBN:	978-3-95814-021-9

1. Auflage

Hinweis: Alle Informationen und Hinweise, die in diesem Buch enthalten sind, wurden von der Autorin nach bestem Wissen erarbeitet und von ihr und dem Verlag mit größtmöglicher Sorgfalt überprüft. Unter Berücksichtigung des Produkthaftungsrechts müssen wir allerdings darauf hinweisen, dass inhaltliche Fehler und Auslassungen nicht völlig auszuschließen sind. Für etwaige fehlerhafte Angaben können die Autoren, Verlag und Verlagsmitarbeiter keinerlei Verpflichtung und Haftung übernehmen. Korrekturhinweise sind jederzeit willkommen und werden gerne berücksichtigt.